Docteur A. AUVARD

SPIRITUALITÉ

(L'Homme de Conscience)

ÉDITIONS THÉOSOPHIQUES

81, Rue Dareau, PARIS (XIV·)

—

1919

IMPRIMERIE
CH. COLIN
MAYENNE

SPIRITUALITÉ

(L'Homme de Conscience)

DU MÊME AUTEUR
(BIBLIOTHÈQUE ÉVOLUISTE)

1. — **Nada** (*Cycle d'une monade*), 1918.
2. — **Maya** (*La monade dans l'homme*), 1918.
3. — **Moksha** (*Libération de la monade*), 1918.

4. — **Vie** (*Conscience, matière, force*), 1918.
5. — **Aum** (*Essence et Synthèse des Religions*), 1918.

6. — **Passionnalité** (*L'homme de désir*), 1919.
7. — **Spiritualité** (*L'homme de conscience*), 1919.

8. — **Santé** (*Comment se bien porter*), sous presse.
9. — **Maladie** (*Hystérie, Asthénie, Lésion*), 1918.

EN PRÉPARATION :

10. — **Bonheur** (*Art d'être heureux*).
11. — **Malheur** (*Problème de la douleur*).

EN COLLABORATION AVEC LA DOCTORESSE M. SCHULTZ

12. — **Aurore Nouvelle**, 1917.

13. — **Évoluisme** (*La doctrine*), 1914.
14. — **Ésotérisme** (*Ses bases*), à paraître.
15. — **Sociologie** (*Application sociale*), à paraître.

Docteur A. AUVARD

SPIRITUALITÉ

(L'Homme de Conscience)

ÉDITIONS THÉOSOPHIQUES
81, Rue Dareau, PARIS (XIVᵉ)

1919

PRÉFACE

L'évolution humaine, avec ses existences successives, se divise en deux périodes :

Passionnalité : règne de l'être inférieur, ou de désir ;

Spiritualité : règne de l'être supérieur, ou de conscience.

De même que dans le livre Passionnalité, jumeau de celui-ci, j'ai essayé de tracer les principaux traits de cette première période, de même ici j'ai tenté d'exprimer l'essence de la Spiritualité.

Cet ouvrage n'est pas destiné, pas plus que celui sur la Passionnalité, à ceux qui sont totalement ignorants du sujet ; pour le comprendre

*il faut avoir préalablement étudié la Théoso-
phie et surtout l'Évoluisme, qui en est le côté
pratique. Mais, je crois, que pour le lecteur,
qui aura subi cette préparation, il sera d'une
aide utile, pour saisir l'ensemble de la question ;
c'est dans cette vue que je l'ai écrit et que je le
publie, y résumant les idées directrices de ma
mentalité.*

*Étant donnée la condensation des idées sous
cette forme brève, ce livre, pour être réelle-
ment profitable, ne doit pas seulement être lu
mais attentivement médité.*

*Un vocabulaire, par ordre alphabétique, placé
à la fin du volume, complète les explications du
texte, et l'étoile, placée après certains mots, in-
vite à le chercher dans cette annexe de l'ouvrage.*

1

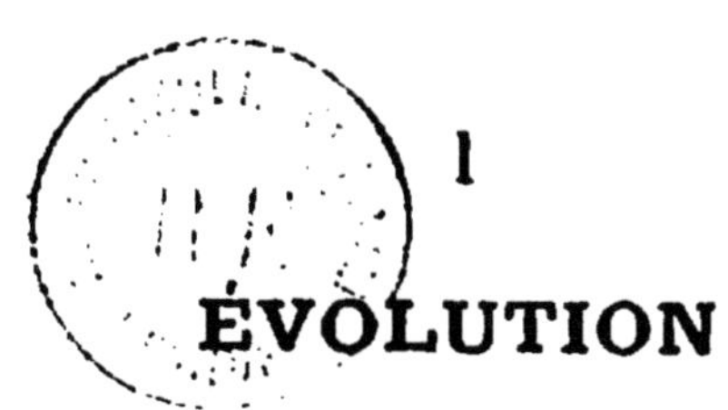

ÉVOLUTION

1°   Que sommes-nous ? une monade, Ego, ou âme, détachée du Soi universel, ou de la Conscience qui constitue Nirguna Brahman, et emprisonnée dans un être matériel en transformation constante, pour y subir un processus spécial, une *rénovation*.

2°   D'où venons-nous ? de Nirguna Brahman, qui séparant un bloc de sa masse, l'a fragmenté en plusieurs myriades de monades, pour les incorporer dans la matière, où elles subissent, sous la direction de Saguna Brahman, le processus qui doit les ramener à la perfection.

3°   Où allons-nous ? à Nirguna Brahman, dont nous venons, et au sein duquel nous serons de nouveau admis, quand après notre longue évolution à travers les règnes minéral... végétal... animal... humain... surhumain... nous aurons recouvré la perfection.

4° La monade, notre âme, partie de Nirguna, traverse donc toute la nature, en plongeant d'abord jusqu'à la matière la plus grossière (involution) et en cheminant progressivement vers la plus subtile, (évolution) à travers des millions et millions d'années ; arrivée au terme de son pèlerinage, elle rentre en Nirguna.

5° Notre monade, nous même, notre Ego ; a donc dans cette marche ascensionnelle cinq grandes phases successives :

phase minérale......... Règne minéral
— végétale.......... — végétal
— animale.......... — animal
— humaine......... — humain
— surhumaine..... — surhumain

6° Nous ne nous arrêterons ici qu'à la phase humaine, qui elle-même comprend deux périodes :

la première.... passionnelle
la seconde..... spirituelle

La période passionnelle a été étudiée dans mon livre « Passionnalité » ; le livre actuel est réservé à la seconde, la « Spiritualité ».

7°   Pour comprendre ce qu'est la Spiritua-lité, rappelons-nous la constitution de l'homme, qui se compose de :

Conscience... notre Ego... ou monade
Matière....... nos corps visible et invisibles
Force......... animant la matière.

L'Ego... c'est nous,... le reste n'en est que le revêtement.

8°   Notre Ego conserve ses unité et iden-tité, à travers toute son ascension ; il est tou-jours le même, mais il se développe de plus en plus ; d'abord enfoncé dans la matière qui le domine, il arrive avec le temps à la maîtriser complètement ; cette victoire est le fruit de l'évolution.

9°   La matière, visible dans une partie du plan physique, invisible dans tout le reste de la Nature au moins pour l'homme ordinaire, cons-titue nos corps à la fois simultanés et succes-sifs, sans lesquels l'évolution serait impossible.

10° Ces corps chez l'homme se divisent en deux groupes :

Etre inférieur..... Sub * { corps physique,
— astral,
— mental inférieur.

Etre supérieur.... Super * { corps mental supérieur.
— Buddhique.
— atmique.

Le Super, encore dénommé Causal, n'est complet qu'à la fin de la phase humaine ; au début il ne comprend que le mental supérieur.

11° C'est par le Sub et le Super, les deux aspects de notre être matériel, que l'Ego peut penser, aimer, agir : les trois faces de son activité : c'est par eux en d'autres termes qu'il vit, — et si on les lui retirait il serait réduit à l'impuissance complète.

12° Chacun de ces êtres donne sa caractéristique :

	Pensée	— Sentiment —	Action
Au Super =	Abstraite —	Altruisme —	Sacrifice
Au Sub =	Concrète —	Egoïsme —	Crime

... crime à défaut d'autre terme étant pris dans le sens général d'action égoïste et opposé à sacrifice.

13° Dans le Super résident donc l'intuition, qui n'est autre que la pensée abstraite, — l'altruisme ou fraternité, — le sacrifice ou don de soi-même. Dans le Sub — la pensée concrète ou l'analyse, — l'égoïsme, — l'action égoïste dont le crime est le superlatif.

14° En conséquence on peut dire qu'en nous :
Super est : l'abstrait, l'altruisme, le sacrifice.
Sub   — : le concret, l'égoïsme, le crime.
ou, envisagés d'une autre façon :
Super est la synthèse.:.... le domaine de l'unité
Sub   — l'analyse..... le domaine de la séparativité.

15° L'être supérieur, grâce à sa matière subtile et profondément malléable, est l'instrument docile de l'Ego ; l'inférieur au contraire est plus ou moins rebelle ; de ce fait même résulte un antagonisme entre nos deux êtres, que notre croissance progressive doit parvenir à effacer.

16°   Le problème de l'évolution se résume en ceci :

1° Développer le Super par le Sub.....

2°   Le Super étant développé, lui soumettre le Sub...

3° Quand le Sub est soumis au Super développé, la spiritualité est créée ; l'évolution est terminée pour l'homme.

17°   La Spiritualité, qui se confond avec le Yoga, ou l'union divine, c'est-à-dire union de notre Ego avec le Soi universel, à travers le voile de matière qui les sépare, est la *notion de l'unité* de toutes les consciences, de tous les Egos, faisant partie du même bloc divin, notion que nous acquèrons grâce au Super.

18°   Nous allons voir au chapitre II, qui traite des périodes de l'homme, comment se forme petit à petit cette spiritualité et les détails principaux qui la caractérisent, puis dans le chapitre III, qui terminera ces préliminaires, sera tracé le plan d'après lequel l'étude générale sera exposée dans le livre.

II

PÉRIODES

1°   L'homme a dans son évolution deux périodes :

1°   Celle du Sub   (passionnalité)... analyse, séparativité
2'   Celle du Super (spiritualité)..... synthèse, unité

Il y a entre elles, un stade amphibole, mélange en proportion variable des deux ; lutte pour la prééminence, qui se termine par la victoire du Super, on peut l'appeler proespiritualité, antichambre de la spiritualité, dont elle fait partie.

2° Subdivisions de ces deux périodes :

1° Homme primitif   (physique))
2'   —   sentimental   (astral)   } Passionnalité.
3°   —   intellectuel (mental)   )
4°   —   Proespirituel (Buddhi)   { Spiritualité.
5°   —   Spirituel   (Atma)   (

3°   Le *Primitif* a pour caractéristique le *besoin ;* entretenir et reproduire son corps physique est pour ainsi dire, ses uniques occupation et préoccupation ; c'est dans la lutte nécessitée par cette existence que croissent ses corps invisibles, et qu'il prépare une étape plus élevée.

4° Le *Sentimental*, comme le primitif et d'ailleurs l'homme à tous ses degrés de développement, a le souci de son corps physique, mais ce qui domine en lui et l'attire surtout dans l'existence c'est le *sentiment* ; l'amour humain qui s'élève souvent jusqu'au divin est le grand attrait de sa vie.

5° L'*Intellectuel*, ayant acquis par l'évolution un mental de bonne qualité, capable de comprendre la Nature, se lance dans son étude avec un entrain d'autant plus grand qu'il avance davantage ; tout connaître, tout embrasser dans sa vaste intelligence devient son idéal.

6° Le *Proespirituel*, rassasié des plaisirs de l'intellect, voyant qu'ils ne le conduisent pas au but désiré... reculant toujours à mesure qu'il avance, et sentant en lui l'impulsion du corps Buddhi, abandonne la science pour la recherche de l'immuable, du divin.

7° Cette recherche de l'immuable, du divin, le transforme en être *Spirituel* ; le sacrifice, l'altruisme, la sagesse, remplaçant sa science d'autrefois, lui montrent clairement que là se trouve le règne du bonheur calme, durable, inépuisable, si longtemps désiré ; il se sent arrivé au faîte de l'évolution humaine.

8° Pour le guider dans cette longue et pénible évolution l'homme a eu le Naturisme *, les religions, les philosophies, l'Esotérisme, qui pendant ses existences successives et les nombreux millénaires qu'elles ont exigés, lui ont indiqué le chemin, et ont facilité sa tâche.

9° Ces guides et l'expérience lui ont montré que pour s'élever et aller à Dieu, il y avait trois voies répondant à sa constitution même ;

a) action   (Karma) physique et plus tard Super
b) sentiment (Bhakti) astral et plus tard Super
c) pensée   (Jnana) mental et plus tard Super

et il se sert des trois en proportions variables.

10° Dans les deux grandes périodes de son existence, il a été conduit par un mobile différent, désir dans la première, conscience dans la seconde..... en résumé :

1° Passionnalité — Égoïsme — Sub — Règne du désir

2° Spiritualité — Altruisme — Super — Règne de la conscience.

11° Le désir, forme spéciale du sentiment, est le roi de toute la passionnalité ; le plus souvent égoïste il est en contradiction avec la conscience essentiellement altruiste ; mais petit à petit il s'harmonise avec elle, à tel point qu'il semble avoir disparu ; ce n'est qu'une apparence, car il persiste aussi longtemps que l'Astral.

12° Aussi l'expression : « mort du désir » qui est en général considérée comme l'équivalent de la spiritualité, et que nous conserverons par respect des traditions, n'est-elle pas tout à fait exacte ; le désir n'est pás éteint, mais il est enveloppé par la conscience ; ce n'est qu'une mort apparente, ou une harmonisation.

13° L'homme dans sa première période, ou de désir, est dit « extérieur », car il se laisse conduire par tout ce qui l'attire au dehors ; mais dans la seconde, fermant toutes les portes de ses sens et se repliant sur lui-même, c'est-à-dire sur sa conscience, il devient « intérieur ».

14° Pendant la passionnalité a eu lieu la conquête des vertus qui marquent le couronnement de cette période et qui sont au nombre de douze principales (Livre Aum, XVI) : Douceur — Honnêteté — Contentement — Sympathie — Sincérité — Respect — Vigilance — Humilité — Sobriété — Charité — Travail — Religion.

15° Après les douze vertus passionnelles viennent les spirituelles au nombre de neuf, à savoir (Aum, XVII) : Discernement — Indifférence à l'extérieur — Contrôle des pensées — Contrôle physique — Extinction du désir — Endurance — Foi — Équilibre mental — Volonté de se libérer... qui ouvrent la porte des initiations.

16° Les Initiations *, dont les diverses religions ont fait des cérémonies, au nombre en général de quatre à cinq suivant les cultes, ne sont autre chose que la connaissance progressive des secrets de la nature ; toute notre vie est en somme une initiation, mais qui prend un caractère spécial, quand se soulèvent les derniers voiles.

17° L'Initié, qu'on peut au point de vue pratique, confondre avec le spirituel, tout en conservant encore pour un temps un corps humain, fait déjà partie par son esprit du règne surhumain ; il devient un intermédiaire entre Dieu et l'homme.

18° Ainsi s'achève l'évolution humaine... longue passionnalité se terminant par une spiritualité relativement courte ; c'est cette dernière période que nous allons étudier dans cet ouvrage, en mettant en relief les principaux aspects qu'elle présente.

III

ASPECTS

1°   Au chapitre I. nous avons étudié l'évolution, montré ce qu'est l'homme, d'où il vient, où il va, et comment constitué de deux êtres distincts : le Super et le Sub, il aboutira en fin de son pèlerinage à la victoire du premier sur le second.

2°   Le chapitre II. nous a initiés au détail des deux grandes périodes avec leurs subdivisions.

$$\text{Passionnalité} \begin{cases} \text{Primitif.} \\ \text{Sentimental.} \\ \text{Intellectuel.} \end{cases}$$

$$\text{Spiritualité} \begin{cases} \text{Proespirituel.} \\ \text{Spirituel.} \end{cases}$$

3°   Dans ce chapitre III. sera tracé le plan général de l'ouvrage, qui comprend dans une première partie, *théorique*, les diverses méthodes qui mènent à la spiritualité, et dans une seconde, *pratique*, les résultats auxquels conduisent ces méthodes.

4°   Il importe de distinguer deux degrés :
le premier proespiritualité comprend trois méthodes ou voies : Jnana, Bhakti, Karma Yogas,
— Yogas de la science, de la piété, de l'action
— le second, qui se confond avec la spiritualité
même, présente aussi trois voies : spontanée,
brusquée, passive.

5°   Chapitre IV : — Jnana Yoga, science qui
arrive à nous dévoiler le Soi derrière toute
forme et à nous faire vivre pour lui. — Chapitre V : — Bhakti Yoga, piété se transformant
en complet dévouement. — Chapitre VI : —
Karma Yoga, action désintéressée, aboutissant
au sacrifice. — Ces trois Yogas, ou voies inférieures, développent le corps Buddhi.

6°   Quand le corps Buddhi est suffisamment
développé, l'achèvement du Super doit s'opérer
par la formation du corps Atma, au moins par-
tiellement nécessaire pour arriver à la pleine
spiritualité ; y conduisent trois méthodes, ou
voies supérieures, dont les détails suivent.

7° Chapitre VII : — la méthode spontanée dans laquelle l'évolution de l'homme est abandonnée à la nature. — Chapitre VIII : la méthode brusquée, se résumant en le Hatha-Raja-Yoga d'Orient. — Chapitre IX : la méthode passive, qui n'est autre que le Quiétisme, plus particulièrement cultivé en Occident [1].

8° Ces trois méthodes, dont on trouvera les détails à leurs chapitres respectifs, conduisent également au résultat désiré, mais avec une rapidité inégale ; elles répondent surtout à des tempéraments différents ; à chacun à adopter celle qui lui convient le mieux.

9° Quelle que soit la méthode suivie, la spiritualité se forme, aboutissant aux résultats nécessaires pour transformer l'homme ; quelques-uns seront ici analysés, et chaque disciple pourra y reconnaître sa propre histoire. Les principaux sont les suivants :

1. Voir au vocabulaire : Types de spiritualité.

10° **Chapitre X : — Renoncement. —** Tant que l'homme se laisse entraîner par les plaisirs du Sub : pensée (mental), désir (astral), action (physique), et qu'il entretient par eux son égoïsme à des degrés divers, il ne saurait arriver à la spiritualité qui exige leur abandon, c'est-à-dire le renoncement.

11° **Chapitre XI : — Altruisme. —** En chacun de nous existent deux principes contraires : l'égoïsme... qui est le propre du Sub ; — l'altruisme... celui du Super, qui conduit au sacrifice. — La spiritualité est caractérisée par le triomphe définitif et complet de l'altruisme sur l'égoïsme.

12° **Chapitre XII : — Souffrance —** Chaque conquête du Super sur le Sub se traduit par une souffrance, car elle exprime une perte douloureuse imposée à notre être inférieur; c'est pour cela que toute notre évolution est pénible, surtout dans les dernières luttes, qui assurent la victoire définitive de l'être supérieur.

13° **Chapitre XIII** : — Recueillement — Le recueillement est un état de repos du mental, et un peu de tout notre être, nécessaire pour permettre à l'immatériel, le Soi, d'influencer et de pénétrer le matériel, de façon à l'améliorer et à l'évoluer ; il diffère de la réflexion, de la méditation, de la concentration, et de la contemplation.

14° **Chapitre XIV** : — Prière — La prière ne consiste pas seulement à demander une grâce à Dieu ou à une divinité quelconque, et à les remercier quand elle est accordée, mais s'étend à toute élévation de l'esprit vers le Soi Universel ; on ne la comprend bien que par cette généralisation.

15° **Chapitre XV** : — Pureté — Nettoyez l'air d'une pièce jusqu'à ce que l'analyse la plus subtile n'y révèle plus la moindre impureté, vous aurez l'emblème de ce que doit être notre ensemble matériel pour réfléter le Soi ; la pratique du bien nous évolue progressivement vers cet état.

16° **Chapitre XVI** : — Transformation. — Tant que le Sub a la prééminence en nous, l'homme est extérieur, gouverné par le désir, mais quand le règne du Super arrive, le désir est remplacé par la conscience, l'homme devient intérieur; cette transformation caractérise le passage de la passionnalité à la spiritualité.

17° **Chapitre XVII** : — Paix. — Il y a deux moyens d'avoir la paix intérieure : 1° supprimer toutes les causes de bouleversement; 2° rendre son être invulnérable à ces diverses causes. — Le premier est une utopie irréalisable, le second est conféré par la spiritualité, qui en dote l'homme arrivé à ce degré évolutif.

18° **Chapitre XVIII** : — Sagesse. — Dans l'acception élevée où il est employé ici, ce mot signifie : appréciation nette et complète de la vérité, dépouillée des nuages qui la voilaient : elle est le résultat de la spiritualité en même temps que son couronnement, et c'est par son étude que se terminera cet ouvrage.

IV

VOIE PENSÉE

(Jnana Yoga [1])

1. Voir au vocabulaire : Saint Thomas d'Aquin.

1° L'homme pense, aime, agit : ce sont ses trois modes d'activité. Chacun d'eux peut le conduire à l'union divine, telle est l'origine des trois Yogas inférieurs :

Jnana Yoga........ Yoga par la pensée.
Bhakti Yoga   — — le sentiment.
Karma Yoga ·   — — l'action.

qui sont l'acheminement vers les trois Yogas supérieurs (VII, VIII, IX).

2° La pensée se sépare parfois du sentiment et de l'action, bien que le fait soit rare ; le Jnana Yoga peut donc être isolé. — Mais le sentiment n'existe pas sans pensée, de telle sorte que le Bhakti Yoga est dans la dépendance du Jnana Yoga. — L'action est toujours précédée par la pensée et le sentiment, aussi le Karma Yoga ne saurait être séparé des deux autres.

3° Ces corrélations et interdépendances étant bien établies au seuil de cette étude, nous envisagerons séparément ces trois Yogas à l'état isolé, en commençant par le Jnana, puis continuant par le Bhakti, et le Karma, mais en spécifiant que cet isolement est plutôt théorique, car pratiquement ils se réunissent en proportions diverses.

4° Toute science, qui étudie la matière, c'est-à-dire les phénomènes, doit arriver à cette conclusion, qui en est le couronnement, à savoir que *la forme abrite un esprit source de la vie ;* le matérialiste se trompe en croyant que cette vie est la matière même.

5° Le Chimiste, qui sépare et analyse les divers corps, étudiant leur composition, leurs affinités, leurs combinaisons, leurs modes d'action, finit par reconnaître que, derrière ce qu'il voit, il y a un invisible qui règle tout et harmonise l'ensemble.

6° Le Physicien, en présence des phénomènes de la nature, précisant les lois qui les dirigent, arrive au précepte que rien n'y est fortuit, et que dans tout ce qu'il approfondit, il y a une direction qui échappe à ses sens.

7° Le Médecin, qui pénètre petit à petit le secret de toutes les maladies, qui, avec des méthodes puissantes, et des instruments perfectionnés, décèle le monde infini des microbes, se dit en fin de compte... qu'il parvient à saisir les apparences de la vie mais non sa réalité.

8° Parcourons toutes les sciences, patentes et occultes, et partout nous y verrons le savant, après un formidable labeur, arriver au bord d'un *précipice* qu'il ne peut franchir et qui le sépare de la vérité ultime ; ce précipice est la fin du savoir, le Védanta indou, car védanta signifie fin du savoir.

9° Cette vérité... cette fin du savoir.... but du Jnana Yoga, est le Soi universel... Dieu même ;... cause première qui se cache derrière toutes les causes secondes, mais qui dans son immatérialité se dérobe à nos sens... d'où la difficulté d'arriver à le connaître.

10°   Comment parvenir à la connaissance de cette vérité.... ultime.... immatérielle...? d'abord par le raisonnement qui nous conduit à une cause première, ensuite par l'intuition, enfin par l'analyse de soi-même, microcosme constitué à l'image du macrocosme.

11°   Ce microcosme... nous-même... si nous l'étudions avec soin, se révèle comme composé de trois éléments :

la matière...... nos corps visible et invisibles
la force......... qui anime la matière
la conscience.. qui dirige le tout.

Du moment où la conscience existe en nous, sa réalité ne saurait être mise en doute.

12°   Or comment pourrions-nous nier notre « Moi »... Je pense... J'aime... J'agis... N'est-ce pas certain? est-il un paradoxe qui puisse un seul instant ternir cette évidence, et la rendre douteuse pour un esprit sagace, judicieux? Réfléchissez-y !

13° Si la conscience existe en nous, pourquoi ne serait-elle pas le partage de tout être, à quelque règne qu'il appartienne... minéral... végétal... animal... ou surhumain... bien qu'à des degrés divers... car toutes les limites qui séparent ces règnes sont fictives !

14° Nous voici donc en présence dans tout l'univers, d'un principe qui est partout, en tout, qui dirige tout... principe unique quoique morcelé à l'infini, le Dieu du panthéisme dont chacun de nous est un fragment, comme tout être.

15° Puisque ce principe existe, puisque nous en sommes un fragment, notre but doit être de nous unir à lui, après avoir pendant un temps incommensurable vécu isolés ; notre idéal devient l'union... le Yoga... car l'union fait la force et le bonheur.

16° Nous étudions alors les moyens pour réaliser cette union... ce Yoga... qui dans le cas actuel devient le Jnana Yoga, et cette étude nous conduit, pour sa réalisation,... à l'altruisme... au sacrifice... à la sagesse... apanages du Soi universel.

17° Nous nous élevons à la connaissance plus approfondie de ce Soi universel, et forcément nous arrivons à la métaphysique, qui est la voie supérieure succédant à la précédente, et qui nous livre les ultimes secrets, auxquels nous aspirons.

18° Ainsi se réalise,... à travers les existences successives que nécessite ce processus,... notre Spiritualité, qui, commencée par le Jnana Yoga, devient Métaph sique, et nous conduit à la fin de notre évolution... jusqu'au règne surhumain?...

V

VOIE SENTIMENT

(Bhakti Yoga)

1. Voir au vocabulaire : Saint François de Sales.

1° Le Bhakti Yoga a pour base le sentiment, ou amour, devenant ici synonyme de piété et dévotion ; localisé dans le corps astral il y représente le mysticisme inférieur, qui supérieur s'élève au Buddhi, se confondant avec la métaphysique, c'est-à-dire les voies supérieures.

2° Pour comprendre ce Yoga il faut avoir aimé, et aimé profondément... éperdument ; ceux qui ont passé par cet amour, et pour lesquels il n'est plus un simple mot, mais une chose vécue, peuvent aisément se figurer ce qu'est un Bhakti Yogi.

3° Remplacez dans cet amour l'être humain qui a été aimé, par l'être divin, et vous saurez ce qu'est un Bhakta ou dévot ; d'ailleurs l'amour humain est ordinairement la pente qui conduit au divin... c'est le même tempérament qui s'élève.

4°   Le dévot, qui éprouve le besoin d'aimer, comme le Jnana Yogi celui de connaître, et le Karma Yogi celui d'agir, s'éprend facilement des êtres qui l'entourent, mais petit à petit déçu dans ses amours humains, il élève son idéal vers Dieu, sûr auprès de lui de ne pas être trompé.

5°   Dieu en effet ne trompe pas ses créatures, mais il les fait quelquefois cruellement souffrir dans la réalisation de leur désir; cette souffrance est d'ailleurs indispensable pour purifier l'âme, l'évoluer et la conduire au but de ce Yoga.

6°   L'âme nous dit Molinos [1] « joyeuse de se sentir près de Dieu, se consume de tristesse de ne pouvoir L'embrasser et Le posséder parfaitement. Elle a faim et elle ne peut se rassasier, elle a soif et elle ne peut se désaltérer; abîmée dans un océan d'amour elle ne peut éteindre les flammes qui la consument ».

1. *Guide Spirituel*, 1905, p. 232.

7° Mais s'il fait souffrir, l'amour divin procure par contre une force considérable, surhumaine, bien décrite dans l'*Imitation de Jésus-Christ,* livre III, chapitre V. « Celui qui aime, court, vole, il est dans la joie, il est libre, rien ne l'arrête. »

8° « Il donne tout pour posséder tout... Rien ne lui pèse, rien ne lui coûte, il tente plus qu'il ne peut ; jamais il ne prétexte l'impossibilité, parce qu'il se croit tout possible et tout permis. » — Et à cause de cela il peut tout...

9° Il agit sans souci du résultat, ne songeant qu'à plaire à son bien-aimé qui est toute sa vie, à le servir, à se dévouer pour lui, et inconsciemment cet amour conduit au sacrifice de soi-même, la destruction de l'égoïsme, donnant ici la main au Karma Yoga.

10° Le Bhakti ne cherche pas comme le Raja Yogi à vaincre ses désirs et passions, mais il les canalise vers le divin, et fait que ses uniques désir et passion deviennent Dieu lui-même ; le résultat est identique dans les deux cas, bien que la manière de procéder diffère.

11° L'idée que le dévot se fait du Seigneur, objet de son amour, se modifie progressivement ; ordinairement enveloppée d'une forme matérielle au début, parfois d'apparence humaine, prenant souvent les apparences du Christ sur la croix, elle devient petit à petit immatérielle.

12° C'est que parallèlement à son amour et d'une façon inconsciente se développent chez le Bhakta, l'intelligence et les corps supérieurs ; son corps mental grandit, et son Buddhi se forme, le conduisant insensiblement à la spiritualité vers laquelle il s'achemine.

13° Aussi décrit-on volontiers au Bhakti Yoya deux degrés qui ne sont autres que les mysticismes inférieur et supérieur, signalés au verset 1°; dans le premier Dieu est humanisé, mais il se divinise dans le second et devient le Soi universel.

14° Au début le Bhakta était parathéiste *, c'est-à-dire concevant le tout-puissant comme distinct de lui-même, lui adressant son amour, comme à un supérieur; maintenant il devient panthéiste, il se confond avec le divin ne faisant plus qu'un avec lui.

15° A ce haut degré de Bhakti Yoga la spiritualité est complètement développée ; il n'y a plus aucune distinction entre Dieu et l'homme, leurs biens sont communs ; ce qui appartient à l'un, appartient également à l'autre.... fusion complète.

16°   Le Bhakti Yogi fait alors place au Yogi supérieur ou métaphysicien, qui délaissant la matière ainsi que nous le verrons aux Yogas supérieurs, entre par son Ego au contact de l'Ego divin, avec simple interposition de son Corps Buddhi-Atma.

17°   C'est ainsi que le Bhakti-Yoga, voie inférieure, conduit vers les supérieures, c'est-à-dire vers une.des trois voies qui seront étudiées aux chapitres VII, VIII, IX. — et qui, par ce chemin, où la spiritualité acquiert son complet développement, conduisent l'homme au terme de son évolution.

18°   Toutefois cette évolution ne se fait pas en une seule vie, quelle que soit la rapidité de sa marche ; elle en exige plusieurs ; de telle sorte que les transitions précédemment indiquées ne sauraient être reconnues chez le même individu, à moins de pouvoir le suivre dans ses vies successives.

VI

VOIE ACTION

(Karma Yoga [1])

1. Voir au vocabulaire : Saint Vincent de Paul.

1° Karma ne veut pas dire seulement action, mais activité, et implique par conséquent avec elle le sentiment et la pensée ; toutefois ainsi que cela a été dit (IV. 1. 2. 3.), le sentiment et la pensée étant considérés avec leurs Yogas respectifs, il ne sera ici question que de l'action.

2° De même que l'action est le résultat de la pensée et du sentiment, de même le Karma Yoga est fils, en proportions variables, tantôt du Bhakti Yoga (sentiment, sentier de la dévotion) — tantôt du Jnana Yoga (pensée, sentier de la science ou de l'abstraction).

3° Le *sentier* * *de la dévotion* a été en Occident nettement tracé par le Christianisme, qui fait de Dieu un « être », alors que le *sentier de l'abstraction* a été en Orient le résultat du Bouddhisme qui considère l'être supérieur comme une « loi ».

4° Au fond Dieu est identique dans ces deux conceptions, seulement des deux voies ouvertes par le Bouddhisme et le Christianisme, la première, loi abstraite, est difficile et ardue, — tandis que la seconde, le Seigneur, le Père, incarné dans son fils le Christ, est relativement facile.

5° Ainsi s'explique comment le Bhakti Yoga, mysticisme *, voie de l'amour pour un Dieu humanisé, est celle adoptée par les Chrétiens, par l'Occident, alors que les Bouddhistes et d'une façon générale l'Orient préfèrent la voie abstraite, ou scientifique, c'est-à-dire le Jnana Yoga, qu'ils mêlent souvent avec le Raja Yoga.

6° Toutefois, ces deux voies, aussi bien celle de l'abstraction (Jnana Yoga) que celle de la dévotion (Bhakti Yoga), peuvent avoir et ont en général le même complément qui est le Karma Yoga ; sur ce terrain, dont nous allons voir le détail, le Yogi d'orient se confond avec celui d'occident.

7° Rappelons-nous les bases du Karma :

l'action égoïste crée mauvais Karma (œuvre du Sub).
l'action altruiste - bon — (œuvre du Super).

Le mauvais nous attache à la roue des naissances et des morts, pour nous obliger à expier — le bon au contraire nous en délivre... nous libère.

8° Le Karma Yoga consiste à ne créer que du bon Karma, de telle sorte que délivrés de la réincarnation nous puissions nous élever au Nirvana ; par bon Karma il faut entendre l'action altruiste, c'est-à-dire dégagée de la préoccupation de ce qu'elle peut nous rapporter.

9° Parmi les Spirituels des discussions se sont élevées, les uns (Quiétistes IX) préconisant l'inaction, les autres (Karma Yogis) recommandant l'action ; ainsi que le dit la Gita (chapitre V), cela est secondaire, l'important n'est pas l'action ou l'inaction, mais de *renoncer au fruit de l'action*.

10° Chacun doit se comporter suivant son tempérament ; l'homme ne peut totalement se soustraire à l'action, seulement les uns en demandent beaucoup, les autres peu ; renoncer à l'action est donc un leurre, mais en renonçant au fruit on satisfait la Loi.

11° « .Résidant dans le cœur de tous les êtres, le Seigneur par son pouvoir d'illusion les fait évoluer et se mouvoir comme s'ils se trouvaient sur la roue du potier. Que l'homme se réfugie donc en Brahman pour s'y abriter avec tous les êtres. Par sa grâce il obtiendra la paix suprême et la demeure éternelle. »

12° Telle est la conclusion de la Bhagavad Gita (XVIII-61-62) qui peut servir de guide dans la question ; le Karma Yoga consiste donc à agir d'une façon entièrement altruiste ; en renonçant totalement au fruit de l'action nous nous libérons.

13° Éliminer l'Égoïsme doit être l'idéal du Karma Yogi, comme d'ailleurs de tous les Yogis, chacun l'appliquant à son genre d'activité. — L'égoïsme... voilà l'ennemi ! tel est le grand principe qui mène à la libération.

14° L'égoïsme est le Sub, tandis que l'altruisme représente le Super ; tant qu'une trace d'égoïsme reste en nous, nous sommes sous la domination de l'être inférieur, et ne serons délivrés que le jour où l'altruisme régnera seul en notre être.

15° Gravons bien ceci en notre esprit ; tant que nous agirons pour nous, l'idée de séparativité sera entretenue dans notre âme, or cette idée est un obstacle à la spiritualité, qui est synonyme d'unité, antonyme de séparativité.

16°   Toutes les fois que dans une action nous pouvons déceler des traces d'égoïsme, sachons reconnaître qu'elle est génératrice de mauvais Karma, et nous rattache aux mondes inférieurs théâtre de la douleur.

17°   L'homme, dans son évolution, agit d'abord pour lui, ensuite pour les siens, plus tard pour sa patrie... enfin pour l'humanité... mais dans la voie du Karma Yoga, il ne doit pas s'arrêter là, car avec l'humanité il y a l'ensemble des êtres, le Soi dans toutes ses manifestations.

18°   C'est dans ce progrès de la séparativité vers l'unité... de l'égoïsme vers l'altruisme... du crime vers le sacrifice... que gît toute l'évolution ; tel est le sentier du Karma Yogi qui le mène à la libération finale et le transforme en Bouddha... en Christ....!

VII

VOIE SPONTANÉE

(Naturisme [1])

1. Voir au vocabulaire : Lao-Tse.

1° Si l'homme était abandonné à lui-même pour son évolution, c'est-à-dire privé du secours de la religion, de la philosophie et de l'Esotérisme, uniquement guidé par la nature (Naturisme *), il serait capable d'évoluer et d'arriver à la spiritualité.

2° Son évolution serait beaucoup plus lente, car dépourvu de guide, il aurait à chercher son chemin lui-même, à l'instar du navigateur sur une mer inconnue, sans boussole, ni point de repère, qui cependant finit par la traverser ; cette voie naturelle est celle que nous appelons « spontanée ».

3° De même que la Nature est capable de guider l'homme pendant la Passionnalité, elle peut aussi le conduire à travers la Spiritualité jusqu'à l'étape surhumaine... telle est la voie que nous étudions dans ce chapitre, en la distinguant des deux méthodes qui suivent : Brusquée (VIII) Passive (IX).

4° Nous englobons, sous ce nom, toute spiritualité obtenue, au moins pendant une vie, sans l'aide du Raja Yoga (voie brusquée) et du Quiétisme (voie passive), mais sans en exclure ceux qui se laissent guider par la religion, la philosophie et l'ésotérisme ; l'exemple donné précédemment [1] était simplement pour expliquer notre pensée.

5° Nous dirons donc qu'il y a trois sortes de spiritualité :

(VII) — la spontanée... sans méthode . .....voie naturelle
(VIII)— la brusquée.... méthode d'orient.... Raja Yoga
(IX) — la passive....... méthode d'occident. Quiétisme

voies supérieures ou terminales, faisant suite dans une autre existence, aux voies inférieures et préparatoires : Jnana (IV) Bhakti (V) Karma (VI), étudiées précédemment et appartenant à la proespiritualité.

6° L'Orient et l'Occident ont, chacun dans une direction différente, trouvé une méthode pour hâter notre fin d'évolution, mais ces méthodes n'excluent pas la voie spontanée, par laquelle nous commençons cette étude, et qu'on pourrait encore dénommer voie active.

1. Voir au vocabulaire : types de spiritualité.

7° L'homme à travers ses existences, passant de l'état primitif, à la sentimentalité enfin à l'intellectualité, manifestations de son être inférieur, développe simultanément son être supérieur, caractérisé par l'existence du principe du bien.

8° Ce principe, qui n'est autre que sa conscience, son Ego, prend en lui la direction, et devient de plus en plus net, de plus en plus impérieux ; de telle sorte que sans autre guide que cette voie intérieure l'évolution s'opère, développant le corps bouddhique puis l'atmique.

9° Cet homme continue à penser, à aimer et à agir comme autrefois pendant sa passionnalité, mais pensée, amour, et action se transforment en quelque sorte à son insu, et un jour arrive où très nettement il est un être tout à fait différent de ce qu'il était, un être spirituel au lieu de passionnel.

10° Sa pensée s'accomplit sans labeur, sans raisonnement, par intuition ; elle devient surtout abstraite, s'attachant beaucoup plus aux lois qu'aux phénomènes, qui l'intéressent d'ailleurs de moins en moins ; en un mot elle se confond avec l'intuition.

11° Son amour s'est également transformé ; autrefois il recherchait la forme, le corps auquel il prêtait tant d'importance ; maintenant il s'adresse à la conscience, à l'Ego, dont la forme n'est que le vêtement, et sous cette influence cet amour est devenu altruisme.

12° Son action a également changé de caractère : autrefois le motif en était le désir, et avait un but égoïste ; aujourd'hui ce désir a beaucoup diminué, s'harmonisant avec la conscience ; l'action est devenue essentiellement altruiste, obéissant à la loi du sacrifice.

13° Grâce à cette transformation de son être et au développement de ses corps supérieurs, la nature apparaît à l'homme toute différente de ce qu'elle lui semblait autref :s dans ses vies antérieures... Partout il ne voit plus que Dieu s'épanouissant en une vaste mer de conscience.

14° Quand il se demande ce qu'il est au milieu de cette grandiose nature, il se voit comme une goutte d'eau appartenant à cet immense océan et il sent nettement que tous les êtres, à quelque règne qu'ils appartiennent ne font qu'un.

15° Les limitations qu'autrefois il apercevait partout, et qui entretenaient son égoïsme, sont tombées, c'était l'illusion de la matière, qui l'aveuglait, et qui établissait des cloisons entre les unités de conscience; les cloisons ont disparu... la conscience est une, l'altruisme a détruit l'égoïsme.

16° Après l'intuition, après l'altruisme, il arrive à la haute sagesse, c'est-à-dire à cette intelligence de toutes choses, qui égale presque celle de Dieu ; tout lui paraît clair et simple autour de lui et en lui... l'hésitation disparaît de sa vie.

17° Il songe uniquement à éclairer ses frères, pour les aider à gravir la montagne au faîte de laquelle il est lui-même péniblement arrivé ; il les aide par sa pensée, par son amour, par son action, sa vie n'est plus et ne sera plus dans l'avenir qu'un perpétuel dévouement.

18° Il est parvenu à l'ère heureuse du sacrifice où, fragment évolué de l'entité divine, il coopère à la direction de son monde ; il se réincarnera encore si nécessaire, sinon son rôle se continuera dans l'au delà... dans la félicité qui caractérise son nouvel état...

VIII

VOIE BRUSQUÉE

(Raja Yoga) [1]

---

1. Voir au vocabulaire Patanjali.

1º   Le Raja Yoga est le couronnement de tous les Yogas ; il est en Orient l'école de spiritualité par excellence, amenant l'homme aux Initiations au nombre de quatre, et le conduisant à la dernière limite de son évolution ; il comprend le Hatha Yoga qui en est une annexe.

2º   L'aspirant Yogi, pour être admis à sa pratique doit faire preuve des neuf vertus spirituelles [1] : 1º Viveka, discernement — 2º Vairagya, indifférence à l'extérieur — 3º Shama, contrôle des pensées — 4º Dama, contrôle physique — 5º Uparati, extinction du désir — 6º Titiksha, endurance — 7º Shradda, foi — 8º Samadhana, équilibre mental — 9º Mumuksha, volonté de se libérer.

3º   Il comprend huit étapes :

1 Yama	Restrictions	5 Pratyahara	Contrôle mental
2 Niyama	Prescriptions	6 Dhrarana	Concentration
3 Asana	Postures	7 Dhyana	Contemplation
4 Pranayama	Maîtrise du prana	8 Samadhi	Supra conscience

dont quelques-unes répètent ou complètent les vertus spirituelles.

1. Déjà mentionnées II, 15. et détaillées dans mon livre : AUM-XVII.

4° *Yama* — Maîtrise, domination de soi-même, en se pliant aux préceptes de l'Ethique : — Ne pas tuer, ne pas mentir, ne pas voler, ne pas médire, être chaste, sobre, désintéressé, laborieux, prêt au sacrifice; une vie absolument pure et morale constitue le seuil même du Raja Yoga.

5° *Niyama* — Austérité, Ascétisme, est en quelque sorte la continuation de Yama qu'il porte à un degré plus élevé, au superlatif. L'homme arrive au renoncement progressif, qu'il supporte sans peine, guidé par une foi absolue, et la soumission complète à la volonté divine.

6° *Asana* — Postures — dont 84 sont aujourd'hui déterminées — gymnastique d'Orient. qui combinée à l'action de la pensée (Pranayama, étape suivante) a pour but de développer certains centres nerveux, de même que notre gymnastique d'Occident, toute différente, vise le développement de certains muscles.

7° *Pranayama*, quelquefois traduit par
« science de la respiration » a un domaine beaucoup plus vaste, car respiration ici veut dire
pénétration de l'oxygène dans notre organisme,
pour y déterminer les combustions, qui équivalent à la vie; il est en réalité, la connaissance,
maîtrise, ou science du prana, et la clef de voûte
du Raja Yoga.

8° *Prathyahara* — dont le sens est « qui
rassemble vers » consiste en la maîtrise de la
pensée ; notre pensée est comme un singe, toujours en mouvement, d'autant plus turbulent
qu'on l'excite davantage ; il faut absolument par
un entraînement spécial en devenir maître, c'est-
à-dire aboutir au *contrôle mental*.

9° *Dharana* — Concentration — Quand le
contrôle mental est obtenu nous devons faire en
cette direction un pas de plus et arriver à fixer
notre esprit sur une idée, de manière à pouvoir
l'étudier aussi complètement qu'il est nécessaire ; aucun secret de la nature ne résiste à
cette concentration !

10° *Dhyana* — En général traduit par méditation répond mieux au mot contemplation ; par Prathyahara notre esprit a acquis le contrôle, par Dharana la concentration, et maintenant nous élevant du matériel à l'immatériel nous arrivons par la contemplation à le fixer sur le Soi, état qui nous procure le Samadhi.

11° *Samadhi.* — Est un état de conscience Superphysique, ou Supraconscience, dans lequel notre Ego s'élève successivement à travers nos corps astral mental Bouddhique, jusqu'au plus élevé l'atmique, et là par l'intermédiaire de la matière subtile de ce corps entre en rapport avec le Soi universel qu'il perçoit nettement.

12° Pour qu'il y ait Samadhi, qui s'accompagne d'un sommeil spécial, il faut que le souvenir persiste au réveil, sans quoi il ne différerait guère de l'*hypnose**, état pathologique, qui présente certains points communs avec lui, mais qui n'est qu'une maladie, alors que Samadhi représente un état normal de haute évolution.

13° Le Raja Yoga, ou Yoga royal (Raja-royal) est donc un entraînement spécial qui permet à l'homme d'arriver à la perception du Soi universel par le Soi individuel ; il réalise bien le but de la métaphysique *, qui est la connaissance du Soi par le Soi.

14° Il est distinct des Karma, Bhakti, et Jnana Yogas (Yogas inférieurs) qui permettent l'accès du Soi par le non Soi autrement dit par la matière [1]

en Jnana....... sous forme de pensée.......... (science)
— Bhakti......   —   —   —   sentiment..... (piété)
— Karma.....   —   —   —   action.......... (dévouement)

15° C'est ainsi que nous pouvons arriver au Soi, c'est-à-dire à Dieu, tantôt directement par notre Soi comme nous venons de le voir dans la métaphysique dont le Raja Yoga est une haute expression, — tantôt par le non Soi, c'est-à-dire par la matière qui recouvre toute conscience (Yogas inférieurs).

1. Voir Métaphysique au vocabulaire.

16°   Jetant un regard rétrospectif sur ce qui vient d'être dit, nous voyons que Hatha et Raja Yogas ne font qu'un,

...Hatha étant l'éducation des corps physique et astral
...Raja   —   —   —   mental, buddhique
                                          et atmique

Cette éducation, portant nos organes aux dernières limites de leur puissance, nous livre tous les secrets de la nature.

17°   Cette éducation repose sur la maîtrise ou science du prana, synonyme de force répandue dans l'univers, force, matière et conscience étant les trois éléments qui la composent en entier. Savoir maîtriser le prana c'est devenir aussi puissant qu'un Dieu qui en somme n'a pas d'autre force à sa disposition.

18°   Méthode toute-puissante le Hatha Raja Yoga est par là même très dangereux ; il ne doit être abordé qu'à son heure, avec prudence, et sous la direction d'un maître compétent, sans quoi il peut produire des méfaits terribles, dont l'Inde donne fréquemment le spectacle.

IX

VOIE PASSIVE

(Quiétisme [1])

1. Voir au vocabulaire : Molinos.

1° Le Quiétisme, du latin *quiétus* paisible, est une doctrine théologique, essentiellement mystique, qui consiste dans l'anéantissement de la volonté (en tant qu'action, amour, et pensée, de nature inférieure) et dans l'indifférence de l'âme aux choses extérieures ainsi qu'à certaines choses intérieures.

2° Dans cet état de repos, de passivité, d'abandon aussi complet que possible, Dieu s'empare de nous, *alors que la préparation est suffisante;* il agit ainsi pour nous purifier, nous élever vers lui, et nous amener, dans la contemplation, à.l'union complète avec lui.

3° C'est en somme un Yoga, qui rappelle dans une certaine mesure le Hatha-Raja Yoga de l'orient, mais avec cette différence essentielle que dans ce dernier l'homme est actif, profondément actif, alors qu'ici il est passif au suprême degré.

4°   La doctrine du Quiétisme, en général attribuée à Molinos (xviie siècle) et qu'il a exposée très complètement dans son *Guide Spirituel* est en réalité très ancienne ; on peut la retrouver dans toute l'histoire, notamment dans l'Inde antique, Molinos n'en est que le rénovateur.

3°   La Bhagavad Gita était quiétiste au moins en partie, car tout le chapitre V, est consacré au Yoga du renoncement à l'action ; elle reconnaît que l'inaction comme l'action peuvent conduire aux plus hautes félicités, mais conclut cependant que l'action vaut mieux.

6°   Bouddha bien que prescrivant l'action aux hommes en général, — car en somme sa religion est avant tout une religion de morale, de devoir et d'action, sans culte extérieur ni prière, — se laissa pour lui-même entraîner aux douceurs de la contemplation parfaite, avec suppression de toute activité extérieure, dont il fait l'idéal de la haute vie religieuse.

7°   Il en fut de même des Alexandrins, des Sufistes, de Tauler. Sainte Thérèse, Saint Jean de la Croix, Saint François de Sales, précurseurs de Molinos, qui sut particulièrement mettre la doctrine en lumière et fut suivi par plusieurs catholiques, notamment Fénelon et Mme Guyon.

8°   Malgré ces illustres parrains et quoique en réalité pratiqué en partie dans beaucoup de monastères, le Quiétisme est en général très sévèrement jugé par la plupart des moralistes, qui l'appellent tantôt la plus cynique des morales..... tantôt une utopie dangereuse..... tantôt même un état maladif, hystérie, folie ; le pape Innocent XI l'a condamné au nom de l'Église, mais surtout à cause du mépris du culte extérieur.

9°   Des critiques analogues ont d'ailleurs été adressées à la Bhagavad Gita elle-même, le plus beau livre que nous possédions sur la morale spirituelle, qu'on a dit être une doctrine absolument inapplicable à l'humanité, et qui pour certains auteurs n'a qu'un intérêt archéologique.

10°   Aussi bien pour la Bhagavad Gita, que pour le Quiétisme, et que pour tout ce qui touche à la Spiritualité en général, il importe de nettement distinguer la période passionnelle et spirituelle, et de comprendre que l'homme est totalement différent dans ces deux périodes.

11°   Vouloir en effet appliquer certains principes de la Bhagavad Gita et le Quiétisme au passionnel est une grosse erreur, capable de conduire aux pires résultats, mais il n'en est plus de même en considérant le spirituel ; passionnel et spirituel sont deux êtres bien distincts.

12°   Le Quiétisme endort l'activité de l'homme, éteint son intelligence (Victor Cousin) et on pourrait ajouter en plus détruit l'amour humain — c'est exact, mais ce résultat qui serait un désastre chez le passionnel est salutaire chez le spirituel, c'est le triomphe du Super sur le Sub.

13°   Il faut bien comprendre que dans la Spiritualité, le Sub doit être réduit au silence pour le triomphe du Super

Donc :   1° ne pas agir   (dans le domaine physique)
            2° ne pas aimer   (dans le domaine astral)
            3° ne pas penser (dans le domaine concret)

tel est l'idéal du Spirituel.

14°   Chez le Spirituel — toutes les activités du Sub :

Action — Amour — Pensée

outre les inconvénients qui précèdent, ont celui de produire des vibrations beaucoup trop grossières pour la sensibilité du mystique arrivé à ce degré, et créent en lui une désharmonie fort pénible.

15°   Agir, dans le domaine physique, oblige au contact avec des hommes, parfois très grossiers, et dans cette fréquentation le spirituel se trouve très péniblement impressionné ; il éprouve un véritable malaise, auquel il se résigne souvent par sacrifice, mais que par instinct il cherche à éviter.

16° Aimer, dans le domaine astral, c'est-à-dire l'amour des créatures qui l'entourent, humaines ou autres, ne répond plus à son état vibratoire et le fait souffrir, car il n'est plus à l'unisson avec les passionnels. Il les aime en tant qu'Egos incarnés, ou enveloppés dans leur super, mais il s'éloigne de leur Sub.

17° Penser, dans le domaine de la pensée concrète, ne lui convient plus, il lui faut la pensée abstraite, celle du Super remplaçant celle du Sub (concrète) et c'est pour cela que Molinos recommande la prière sans paroles, car avec la parole on retombe dans le domaine concret.

18° Concluons que le Quiétisme, comme toute chose, doit être jugé à la lumière de l'Evoluisme ; sans elle il est presque une énigme, avec elle il devient une des plus hautes expressions de l'évolution humaine à son apogée, mais, comme toute méthode, il ne convient qu'à certains tempéraments.

X

RENONCEMENT

1° Dans la première partie de ce livre (chapitre I à IX) ont été envisagées les diverses méthodes qui conduisent à la Spiritualité. — Ici débute la seconde partie (X. à la fin), pratique succédant à la théorie, où seront étudiés les divers aspects du spirituel, indépendamment de toute méthode ; commençons par le renoncement, suivant le plan indiqué chap. III.

2° Notre Sub, comme toute matière, présente trois qualités (Gûnas), indispensables à connaître pour comprendre le renoncement, ce sont :

l'harmonie   (Sattva) domination de la conscience
l'activité   (Rajas)   —   force
l'inertie   (Tamas)   —   matière

Les Gûnas régissent toute notre vie inférieure.

3° On trouve ces trois qualités dans toutes les manifestations de notre vie..... dans la foi, la nourriture, le dévouement, le sacrifice, l'austérité, etc,... qui peuvent être sattviques, rajasiques, tamasiques,... suivant qu'ils sont dominés par la conscience, (harmonie), la force (activité), ou la matière (inertie), ce qui en change complètement l'aspect (Gita XVII).

4° De Sattva résultent : la concorde, l'union, la sympàthie, le dévouement, la franchise, le courage, en un mot tout ce qui fait le bonheur. — De Rajas : l'avidité, la turbulence, l'inquiétude, la jalousie, la guerre, le crime.... etc. — De Tamas : la négligence, la paresse, l'indifférence, l'ignorance, la superstition, la misère, etc... Rajas et Tamas engendrent le malheur.

5° Nous allons les retrouver dans le renoncement, qui consiste, non dans le fait de s'abstenir de l'*action* (physique), dù *désir* (astral), ou de la *pensée* (mental), ainsi que le préconise le quiétisme de Molinos, mais dans une *orientation spéciale de ces activités*, qui les dépouille de tout égoïsme.

6° Renoncer à l'action purement et simplement est le résultat de la paresse (Tamas) ; — y renoncer par crainte du résultat (Rajas) est également mauvais ; notre corps est fait pour l'action et en a besoin, sans quoi il s'atrophie et tombe malade ; il faut donc agir conformément à son tempérament (Sattva).

7° « Les êtres incarnés ne peuvent pas renoncer à l'action, mais il suffit de renoncer au fruit de l'action pour avoir certainement satisfait à la loi. » (Gita XVIII, 11). Donc agir suivant sa conscience (Sattva) en ne conservant pour soi et les siens que l'indispensable à l'entretien de la vie.

8° Imitant le précepte donné pour l'action, ne travaillons pas à l'extinction du désir, ce qui est l'œuvre de Tamas ou de Rajas, mais dépouillons nos désirs de tout égoïsme, et en agissant ainsi, nous suivrons Sattva... le chemin de l'altruisme et de la spiritualité, but de notre évolution.

9° Pas plus que l'action et le désir, la pensée ne doit être supprimée, car c'est elle qui nous sert de pilote dans la vie ; mais il faut l'assujettir à la discipline voulue, faire qu'elle ne dépende ni de Tamas, ni de Rajas, seulement de Sattva.

10° « La raison Sattvique... est celle qui sait ce qui doit être fait et évité, ce qu'il faut craindre ou non, quand il y a lieu de se lier ou libérer. — La Rajasique.... est celle qui ne voit pas bien le juste ou l'injuste, ni ce qui doit être fait ou évité. — La Tamasique.... est celle de l'homme qui voit tout de travers, comme s'il était dans l'obscurité ». (Gita XVIII, 30.31.32).

11° La pensée, loin d'être anéantie, doit donc d'une façon générale être cultivée avec soin ; nous ne ferons exception ici que pour certains tempéraments auxquels l'anéantissement, préconisé par Molinos dans le quiétisme, convient ; mais c'est là une méthode spéciale, justifiant le précepte « à chacun sa voie ».

12° En résumé, sauf exception, ne renonçons, ni à l'action, ni au désir, ni à la pensée, mais seulement à leurs fruits. — Tel est la base du renoncement, quant à *soi-même*, toutefois ce mot implique un autre aspect, celui de notre *vie en société* qu'il nous reste à examiner.

13° Renoncer au monde, c'est-à-dire à ses plaisirs, à ses attractions.... ; mais cela n'implique pas d'abandonner la société, la famille ; mieux vaut vivre au milieu d'elles, leur être utile dans la mesure du possible ; cependant on ne saurait blâmer ceux que leur tempérament ou santé oblige à l'isolement.

14° Renoncer à la fortune, au pouvoir, aux honneurs..., le spirituel n'est plus attiré vers eux comme le passionnel ; lorsque les circonstances l'y portent, il doit néanmoins les accepter non pour la satisfaction de son égoïsme qui a disparu, mais uniquement pour être utile à ses frères par ses capacités ; c'est du plus pur altruisme.

15° Le renoncement le plus discuté est celui de la « dignité personnelle » ; d'après la morale spirituelle ou évangélique, il faut se laisser injurier, calomnier, frapper même, et se mépriser, comme les autres vous méprisent ; tandis que la morale passionnelle ou laïque dit « Respecte-toi, et fais-toi respecter ».

16°   La morale laïque est vraie pour les passionnels, qui doivent pour leur évolution avoir le respect de leur dignité, base du sentiment de l'honneur ; sans cette base la vie sociale devient. en quelque sorte impossible, et toutes les lois tendent avec raison, à en assurer l'observation, mais il en est autrement pour le spirituel.

17°   Avec la spiritualité la notion de la séparativité disparaît, et avec elle l'orgueil qui était la base du sentiment de l'honneur, de telle sorte que le spirituel ne se trouve pas offensé si on ne le respecte pas ; il est en quelque sorte devenu invulnérable aux blessures de l'amour-propre ; il est au-dessus d'elles.

18°   De ce qui précède concluons qu'entre le spirituel et le passionnel, bien qu'hommes tous les deux, il faut établir une différence profonde, et se garder de mêler les préceptes qui conviennent à l'un ou à l'autre ; toutes les discussions sur ce sujet disparaîtront quand on comprendra nettement ce point.

XI

ALTRUISME

1°   La loi de l'altruisme, qui embrasse celle du sacrifice * et du joyeux don de soi-même, ainsi que cela sera expliqué plus loin, est avec celles de la souffrance (XII) et du renoncement (X), la base même de la spiritualité ; ainsi réunies elles peuvent en être considérées comme le trépied.

2°   Par le renoncement le Sub s'éteint. — Par l'altruisme le Super brille dans toute sa splendeur. — La souffrance représente l'agonie du Sub, qui est indispensable pour le triomphe complet et définitif du Super ; elle marque donc les dernières étapes de la lutte.

3°   Pour arriver à comprendre *la loi de l'altruisme* dans son essence, il faut remonter à la constitution de la nature qui se compose de l'accolement du matériel (matière visible et invisible, source de la forme) et de l'immatériel (conscience et force, sources de la vie).

4°   L'immatériel est essentiellement *altruiste*, car il donne la vie et ne reçoit rien en échange. — Le matériel est par contre essentiellement *égoïste*, car il reçoit la vie et ne donne rien en échange ; on voit donc qu'immatériel est synonyme d'altruisme, et matériel d'égoïsme.

5°   Si l'immatériel cessait un moment de donner la vie, la nature s'éteindrait et se dissoudrait. — Si le matériel cessait de recevoir la vie et ce qui est nécessaire à sa conservation (nourriture, air, lumière, protection, etc.), il serait rapidement amené à la mort.

6°   Quand l'immatériel se sépare du matériel, la vie cesse pour cette portion de la nature ; quand la jonction se fait à nouveau, la vie reprend grâce à l'altruisme de l'immatériel et à l'égoïsme du matériel,.... puis elle continue sur cette base.

7° L'homme au début de son évolution est dominé par la matière, aussi est-il à cette période foncièrement égoïste ; tout acte d'altruisme lui est alors pénible, douloureux, comme étant contraire à sa nature, et cependant l'évoluisme l'y conduit petit à petit par le sentiment.

8° A mesure qu'il évolue, l'immatériel se dégage progressivement du matériel et on s'aperçoit de cette domination croissante par l'apparition proportionnelle de l'altruisme ; on peut dire d'une façon générale que la croissance de l'altruisme donne la mesure même de l'évolution.

9° Toutefois l'homme, résultat du mariage du matériel avec l'immatériel, quand il se montre altruiste obéit à son côté immatériel auquel il donne joie et satisfaction, mais il frustre d'autant son côté matériel, de telle sorte que la douleur en résulte pour ce dernier.

10° Cette douleur sera d'autant plus forte
que ce côté matériel est plus puissant et exi-
geant, et d'autant moins que par une éducation
progressive, par le renoncement, dont il a été
question au chapitre précédent, il se sera habi-
tué à cette privation.

11° Il viendra enfin un moment, où le renoncement étant arrivé à ses dernières limites,
et notre être matériel se contentant du mini-
mum nécessaire pour vivre, la douleur sera
très atténuée ; à ce degré l'altruisme n'est plus
que légèrement pénible, et la joie qu'il procure
à l'immatériel dépassant de beaucoup cette douleur l'éclipse presque totalement.

12° Aussi chez l'homme parvenu à une haute
spiritualité, si le sacrifice ne cesse pas complètement, c'est-à-dire si l'altruisme est encore un
peu douloureux il l'est peu, et il fait pour ainsi
dire place *au don joyeux de soi-même*, qui caractérise l'altruisme divin, celui qui ne connaît
pas la douleur de l'élément matériel.

13° Vous objecterez peut-être qu'en Dieu (Saguna) il y a un élément matériel, de même que dans l'homme le plus hautement spiritualisé ; mais l'égoïsme de la matière n'existe guère que pour les trois plans inférieurs (physique, astral, mental), et non ou à peine pour les supérieurs.

14° De sorte qu'en l'homme composé d'un Sub et d'un Super, la loi de l'égoïsme n'existe que pour le Sub, la matière du Super étant de nature différente (arupa, au lieu de rupa) ne connaît pas ou à peine l'égoïsme, se mettant en quelque sorte à l'unisson de l'immatériel, de l'Ego.

15° On peut donc dire, au lieu des termes matériel et immatériel qui ont été employés au début :

Sub = Egoïsme
Super = Altruisme

Quand par le renoncement le Sub se trouve éteint, l'égoïsme l'est avec lui ; alors, avec le Super règne désormais l'altruisme, emblème de la spiritualité.

16° La douleur, caractéristique du Sub, et dérivant de la non satisfaction de son égoïsme, résulte de ses exigences et diminue avec les progrès du renoncement; c'est ainsi de souffrances en souffrances que l'altruisme avance jusqu'à la victoire définitive.

17° La loi de l'altruisme, est donc douloureuse à l'homme à travers toute son évolution, elle est pour lui la loi du sacrifice, et ce sacrifice n'est autre que celui du Sub, qui doit être progressivement vaincu et réduit au silence.

18° Mais à mesure que le Sub s'éteint et que la douleur diminue, l'homme éprouve de plus en plus la sensation du joyeux don de lui-même, et alors résumant cette loi d'altruisme, il s'aperçoit que, *loi de sacrifice et de douleur* dans l'être inférieur, elle devient *loi du joyeux don de soi-même* dans l'être supérieur.

XII

SOUFFRANCE

1° Pendant toute sa vie passionnelle l'homme doit lutter dans une certaine mesure contre ses désirs, afin de les maintenir dans une juste limite, mais cette lutte est modérée, car le désir reste la base de son existence.

2° Aux approches de la spiritualité l'évolution, arrivant à mettre en évidence la différence qui existe entre la vie du Super et celle du Sub « cela (conscience) devant tuer ceci (désir) » la lutte devient aiguë et cause des souffrances diverses.

3° Ce sont ces souffrances, petites et grandes, qui vont être envisagées dans ce chapitre, car tout candidat à la Spiritualité doit les connaître ; sans cette connaissance il serait désorienté dans sa marche, et risquerait de faire naufrage, comme le pilote qui ignore les écueils de sa route.

4° Quelques mystiques englobent ces diverses souffrances, sous le nom générique de « tentations », parce qu'ils les considèrent comme l'œuvre de Satan, du démon, mais bien que certaines influences extérieures puissent agir, le démon n'est autre que notre Sub, c'est lui qui nous fait ainsi souffrir ; prenons-nous en surtout à lui.

5° Ces souffrances consistent en des mouvements de colère, d'orgueil, de vanité, d'ambition, de jalousie, d'envie ; en des aspirations de gourmandise, de luxure, de paresse, bientôt suivies de remords, de scrupules, de honte, de diverses pensées mauvaises et désagréables, dont l'ensemble bouleverse profondément tout l'être et effraie comme une tempête intérieure.

6° Poursuivi par ces fluctuations, obsessions le jour, cauchemars la nuit alors que le sommeil est possible, l'homme devient nerveux, triste, inquiet, vivant dans un état de malaise continuel ; la vie lui paraît insupportable, et il a quelquefois à se débattre contre les idées de suicide.

7°... « Vous serez inondés », dit Molinos [1], « par une mer d'amertume et de douleurs ; par des peines intérieures et extérieures, plongés dans un tourment qui vous percera jusqu'au fond de l'âme. Vous vous verrez abandonnés de toutes les créatures, même de celles dont vous espériez le plus de secours et qui semblaient devoir compatir à vos détresses ».

8° « Les sources qui entretenaient les facultés de votre âme se dessécheront comme un torrent d'été, en sorte que vous ne pourrez plus ni raisonner, ni même former une pensée bonne. Le Ciel vous semblera d'airain et sans lumière. Le doux souvenir des rayons célestes, dont autrefois votre âme était ensoleillée, ne pourra vous consoler de l'obscurité présente [2] ».

9° « Vos ennemis invisibles vous persécuteront en vous suggérant des scrupules, des pensées impures, des mouvements d'impatience, d'orgueil, et de colère, des murmures et des blasphèmes contre Dieu, Ses sacrements et Ses mystères ». « Votre esprit sera plein de ténèbres et d'obscurité ; votre cœur, serré comme un étau, sera plein de désordre et de faiblesse ».

1. *Guide*, page 52.
2. *Idem.*, page 53.

10° Il vous semblera que le Ciel est fermé pour jamais, que tout ce qui vous entoure n'est que douleurs, tourments et ténèbres. Votre raison, vos facultés, vos sentiments seront dans l'obscurité. Attaqués de doutes, de tentations, de défiance, de scrupules, vos lumières et votre jugement vous abandonneront. Tout conspirera à votre douleur ¹ »

11° Ces troubles n'appartiennent pas exclusivement aux crises spirituelles, on peut les rencontrer dans diverses maladies conduisant ou non à l'aliénation ; il en est de ces symptômes, comme de la plupart, ils peuvent relever de causes variées, c'est ce qui rend leur interprétation (séméiologie *) difficile.

12° Ces crises conduisent souvent chez un médecin, un prêtre, ou un ami, auquel on vient demander secours ; s'il est très évolué, capable de comprendre votre mal, il peut vous faire beaucoup de bien, en vous montrant le pourquoi de ces souffrances et en vous conseillant de patienter.

1. *Idem.*, page 225.

13° Mais si le médecin ordonne ses remèdes habituels, le prêtre des pratiques religieuses courantes, l'ami des voyages ou distractions, sans pouvoir éclairer celui qui vient les consulter, ou en lui donnant des explications dérisoires, il ne fera qu'empirer le mal ; c'est ce qui se passe la plupart du temps en pareil cas.

14° Pour toute souffrance qui résiste à la médecine, à la religion (dans sa pratique inférieure) et à l'amitié, songez donc à une crise spirituelle ; donnez au patient des livres traitant de ce sujet, et il y trouvera certainement, si vous ne pouvez l'éclairer vous-même, l'explication de son état, et la manière d'en sortir ; telle est la meilleure direction * de conscience.

15° Cette explication est la suivante : Tous ces troubles représentent l'effort que fait la nature pour purifier notre Sub, surtout notre astral « véritable trituration évoluiste de notre être »... sorte de *coliques de l'âme* qui cherche à se débarrasser de ses impuretés, mais coliques qui durent des semaines, des mois, des années... et parfois même des existences !...

16° L'homme qui approche de la spiritualité a besoin d'un Sub qui se mette à l'unisson du Super, et c'est pour amener cette harmonie que se produit la crise, ou les crises successives dont il vient d'être question, répondant au proverbe connu « Dieu châtie bien ceux qu'il aime ».

17° Le maître invisible qui règle notre destinée ne nous quitte pas, alors que surviennent ces divers troubles ; loin de chercher à les calmer, il y joint souvent les malheurs extérieurs, deuils, ruine, persécutions ; il aide à frapper le grand coup qui doit faire de nous un être supérieur, spirituel.

18° Mais ceux qui ont été avertis, qui ont compris, qui savent où les conduit ce terrible ouragan, doivent rester calmes ; ils sont sûrs qu'ils ne feront pas naufrage, et que le cyclone traversé ils aborderont à la rive enchantée et libératrice, que leur réserve la destinée... Courage... Prier... Patienter !

XIII

RECUEILLEMENT

1° Fermez toutes vos communications avec l'extérieur, autrement dit arrêtez le fonctionnement des sens, de manière à ce qu'aucune vibration ne pénètre jusqu'à votre mental, qui progressivement arrivera dans cette obscurité et ce silence au calme désiré.

2° Comme le dit la Gita (II. 58) imitez la tortue qui se retire dans sa carapace, et se soustrait ainsi à l'influence des objets extérieurs ; dans cet état, l'esprit ignore ces objets et ne se laisse pas attirer par leur attrait.

3° En un mot, faites en sorte que votre âme soit aussi paisible en son sanctuaire, que la flamme légère, qui, par certaines nuits propices, brûle sans vaciller dans le désert, émettant une ligne de fumée droite vers le ciel.., et vous connaîtrez le recueillement !

4°   Cet état diffère de la concentration dans lequel le mental est fixé avec une attention soutenue sur un objet, diffère aussi de la contemplation qui est la concentration de l'être matériel sur le Soi; ici il n'y a pas effort mais simplement repos.

5°   Tel est le recueillement, silence gardé en la présence de Dieu, silence non seulement des paroles mais aussi des sentiments, des pensées et de toute activité, attitude mystique, prière muette, dans laquelle l'Ego imprègne tout notre être matériel et que le spirituel doit quotidiennement réaliser par intermittences croissantes.

6°   Le recueillement n'est pas la contemplation, cependant il y mène d'une façon insensible pourvu que le Super soit assez développé, et apte à réfléter en nous le Soi, avec une puissance suffisante; aussi les confond-on quelquefois !

7° Dans ce recueillement il ne faut pas chercher à agir intérieurement par soi-même, mais ayant pacifié le mental laisser Dieu agir en nous; l'homme doit rester passif s'il veut éprouver tous les bienfaits que procure cet état.

8° Suivant l'expression de Molinos (p. 84) : laissez-vous mener par Dieu, « sans penser à quoi que ce soit, ni demander aucune grâce, demeurant dans l'état d'une personne, qui, ayant perdu son chemin, se confie entièrement à son guide ».

9° Ce calme intérieur n'est pas toujours facile à obtenir, ou réalisable, car il est des moments où, quoi qu'on fasse, l'esprit est envahi par une foule d'idées importunes, qu'on ne peut maîtriser; tel est l'état qu'on appelle *la sécheresse des spirituels*.

10° Mais avec l'isolement, la prière, les lectures spirituelles, la constance et la ferme volonté d'y arriver, on y parviendra après un temps variable ; aussi, quelles que soient les difficultés qu'on éprouve, faut-il persévérer avec la conviction du succès.

11° C'est dans ce recueillement que les grandes vérités viennent illuminer l'esprit, ainsi que nous en avons un exemple célèbre par la nuit que Gautama passa à Gaya*, nuit pendant laquelle, après de violentes épreuves, la lumière se fit complète en lui et le transforma en Bouddha (éclairé).

12° Le besoin du recueillement ne se fait en général sentir qu'en approchant de la spiritualité, car pendant la passionnalité, l'esprit, tout aux choses du dehors, ne pense pas à regarder en lui-même, où d'ailleurs il ne trouverait pas les éléments nécessaires pour l'intéresser.

13° Ce qu'on observe souvent dans la Passionnalité et qu'on confond volontiers avec lui est la réflexion, ou méditation, qui est le travail de l'esprit sur une ou plusieurs idées, mais non le silence mystique dont les caractères ont été précisés au verset 5.

14° Quand on parle de ce recueillement au passionnel qui l'ignore, car il n'est pas encore assez évolué pour le goûter, il hausse les épaules, le traitant d'illusion, de suggestion, ou d'autres mots semblables..... Laissez-le dire, il y arrivera un jour et le comprendra à son tour... question de temps !

15° Quelquefois même, s'il est orgueilleux, il laisse sa colère se déchaîner contre ces êtres qui s'isolent et mènent une vie spéciale, les traitant d'hallucinés, de fous, d'égoïstes, se livrant à des pratiques anti-sociales et répréhensibles ; il les persécute, détruit leurs asiles, déclame contre eux...

16° Non, ils ne sont ni égoïstes ni aliénés, mais au contraire des êtres très évolués ; si parfois il en est quelques-uns qui présentent des troubles de la mentalité, ou de la moralité, c'est que parmi les génies eux-mêmes il existe des lacunaires, c'est-à-dire des personnes dont le développement est incomplet par quelque point, mais ces troubles disparaîtront.

17° Ces mêmes orgueilleux sont ceux qui veulent bannir Dieu de la nature et le remplacer par le règne des passions et jouissances grossières qui avilissent l'homme, le ramenant au rang de l'animal; ils posent le Sub en roi du monde, c'est le règne de Satan, qui en somme est synonyme de Sub.

18° Qu'y faire?... Le spirituel peut comprendre le passionnel, car il l'a été, mais le passionnel, ne comprendra la spiritualité que quand il y arrivera. — Le seul remède serait d'élever l'homme dans la *tolérance*, qui le rendrait un peu plus respectueux de ce qui est au-dessus de son intelligence; efforçons-nous d'en répandre le principe !

XIV

PRIÈRE

1°   La prière ou oraison est toute élévation de l'esprit vers Dieu, qu'elle se fasse par la pensée, le sentiment, ou l'action... toutefois, à un degré plus élevé, elle se confond avec le recueillement (XIII) ou même la contemplation.

2°   Pour le Karma-Yogi la prière consiste dans l'action — pour le Jnâna-Yogi... dans la connaissance — pour le Bhakti-Yogi elle devient l'expression la plus ardente de son amour — pour le spirituel élevé elle est la communion avec le Soi.

3°   Prier... chez l'homme inférieur, c'est demander, simple manifestation égoïste ; — chez le moyen, c'est une conversation respectueuse, afin de prendre contact ; — chez le supérieur, c'est une véritable effusion, où l'altruisme a la part principale.

4° La prière varie essentiellement avec la mentalité, et elle peut, quand elle est rendue publique, servir à évaluer le dégré d'évolution d'une personne, car beaucoup n'oseraient pas dire à un ami ce qu'ils disent à Dieu ; mais toute prière, qui reste inavouable, peut être considérée comme mauvaise et antireligieuse.

5° La prière prend des formes très variécs — publique ou privée — chantée, prononcée à voix haute ou basse, tacite — libre ou conforme à une formule consacrée — unique ou répétée un certain nombre de fois (chapelet) — accidentelle, ou régulièrement périodique — spontanée ou prescrite — simple ou accompagnée d'offrandes, de vœux.... etc.

6° Tacite, elle présente deux formes : — soit un langage intérieur, analogue à une méditation « prière pensée » — soit une simple éléva- de l'âme vers le divin, commençant par une invocation, et se continuant en un silence intérieur, prolongeant l'attitude du début, « prière attitude » qui équivaut au recueillement et quelfois à la contemplation.

7° L'oraison est tantôt accompagnée de douceur, tantôt au contraire sèche ; très recherchée dans le premier cas, elle est parfois abandonnée à tort, dans le second ; contrairement à ce qu'on pourrait supposer, elle est souvent d'autant plus sèche que l'évolution est plus élevée, car l'astral y prend moins de part.

8° L'effet de la prière doit être considéré objectivement et subjectivement — *Objectivement*, elle amène la réalisation d'un désir exprimé, et cela en général par l'influence d'une divinité inférieure, car Dieu lui-même est une loi inflexible, que rien ne peut fléchir et qui se traduit inexorablement par le Karma.

6° Beaucoup de prières qu'on considère comme « exaucées », et dont les exemples sont nombreux, sont souvent le simple effet du Karma ; toutefois il est rationnel d'admettre que dans certains cas la demande n'a pas été inutile et a pu amener l'intervention de puissances favorables.

10° *Subjectivement,...* elle se traduit par l'harmonie entre le Kamanas et l'Ego ; car, issue du Kamanas, où se forme la pensée-désir, elle s'adresse à l'Ego, qui est le représentant de Dieu en nous, et il est inutile qu'elle aille plus loin pour produire son effet ; son mécanisme est celui de l'auto-suggestion.

11° Il résulte de cette harmonisation du Kamanas et de l'Ego, un effet purificateur sur notre Sub, qui, en quelque sorte, tend à se mettre à l'unisson avec le Super ; c'est là une voie puissante d'évolution, pour notre être.

12° Si l'on a bien compris cet effet de la prière, dont le rôle subjectif est beaucoup plus important que l'objectif, on conclura, avec raison, qu'elle doit surtout consister en une attitude ou orientation, propre à adapter le mental, ou mieux tout l'être matériel, à l'Ego.

13° Les paroles ou pensées exprimées valent par leur mode vibratoire, qui modifie le mental, d'autant meilleur qu'il est plus conforme au bien ; toutefois dans le silence la même action peut s'opérer par simple recueillement, qui permet à l'Ego d'influencer tout notre être.

14° Il suffit pour cela, qu'au début de l'oraison, le mental, par un effort puissant, s'imprègne de l'idée divine, et qu'il reste dans cette attitude le plus longtemps possible ; de nouvelles pensées ou paroles ne sont nécessaires que pour écarter les distractions importunes.

15° Dans la spiritualité élevée, alors qu'on se sent un avec le Soi universel, la prière perd beaucoup de son importance, car elle nécessite un certain sentiment de séparation de celui qu'on prie ; or ici l'union est trop complète pour inspirer ce besoin.

16°   Cependant le spirituel conserve, en quelque sorte, ses habitudes anciennes, et n'abandonne pas cette communion avec le Divin ; nous en avons un exemple typique en Jésus-Christ, qui priait souvent, notamment pendant la nuit dite « de l'agonie ».

17°   Le spirituel se sent comme un prisonnier de guerre (Ego emprisonné dans la matière), qui aspire à revenir parmi ses frères d'armes ; par l'oraison, il s'unit à eux en pensée, ce qui lui donne force et courage dans ses moments difficiles.

18°   La prière ou oraison joue donc dans la vie du spirituel, comme dans celle du passionnel, un rôle considérable ; malgré les critiques qu'on a pu lui adresser, elle reste une aide précieuse pour l'homme, qui aurait tort de s'en éloigner.

XV

PURETÉ

1° Pour que le *Soi* puisse s'y refléter, permettant la contemplation dans toute sa splendeur, il faut que notre être matériel, et en particulier notre Super deviennent purs et calmes, comme un lac limpide et abrité de l'aquilon.

2° La pureté, dont le calme est le complément obligé, est donc le piédestal même de la spiritualité ; tant que notre être inférieur sera troublé par les désirs, les passions, tant que l'égoïsme l'agitera dans les directions les plus diverses, une cloison plus ou moins épaisse nous séparera du Soi.

3° De même que l'eau entraîne nos souillures extérieures, la vertu enlève les intérieures représentées par les vices ; ces deux purifications sont nécessaires au spirituel, bien que la seconde soit encore plus importante que la première.

4°   Ici plus que jamais il faut bien comprendre le rôle respectif du Sub et du Super chez l'homme évolué ; le Sub, amenant le trouble par ses désirs tumultueux — le Super au contraire, la pureté et le calme par son contact avec l'Ego.

5°   Or pureté signifie soumission complète du Sub au Super, de telle sorte qu'il ne veuille plus rien par lui-même, mais soit devenu son instrument absolument docile, exécutant tous ses ordres, qui sont ceux de l'Ego, sans une plainte, sans une récrimination, avec joie..... et entrain.....

6°   La pureté s'obtient, grâce à l'évolution, par la pratique du bien et l'élimination du mal ; aux approches de la spiritualité elle exige le renoncement (X), l'altruisme (XI), la souffrance (XII) ; elle est puissamment favorisée par le recueillement (XIII) et la prière (XIV).

7° Nombre de disciples se sont, dans tous les temps, efforcés d'obtenir cette purification de leur être par un ensemble de pratiques qu'on a englobées sous le nom « d'Ascétisme », terme complexe, sur lequel une explication est ici nécessaire.

8° L'Ascétisme (du grec asketes, qui s'exerce) est la pratique régulière de mortifications physiques pour atteindre la perfection morale, reposant sur la théorie que l'âme est esclave du corps, et ne peut être libérée qu'en écrasant ce dernier.

9° L'Ascétisme est de tous les pays et de toutes les religions ; dans le Christianisme les exemples en sont nombreux : citons saint Paul, saint Jean-Baptiste, saint Siméon le stylite, qui pendant vingt-six ans resta au sommet d'une colonne, ne mangeant qu'une fois par semaine.

10°   Avant Jésus-Christ, on le trouve chez les Esséniens, les thérapeutes, et autres sectes juives ; de même chez les Grecs parmi les Pythagoriciens, les Stoïciens, les Cyniques ; Brahmanisme, Bouddhisme, Mahométisme en fournissent de nombreux exemples.

11°   Dans l'antiquité le genre de vie ascétique était adopté par les Athlètes, l'expérience ayant démontré que cette manière de vivre était la plus propice au développement des forces ; cette doctrine, qui n'avait rien de religieux, fut reprise par les chrétiens pour donner la force de lutter contre Satan.

12°   Dans l'Ascétisme il convient de nettement distinguer deux variétés, qui seront désignées ici sous le nom de normal et d'anormal. — La normale se confond avec le renoncement (chap. X.). — L'anormale comprend toutes les pratiques exagérées, le plus souvent maladives, auxquelles certains disciples se soumettent.

13° Autant l'ascétisme normal est salutaire, condition d'ailleurs indispensable à la spiritualité, autant l'anormal est défectueux, répréhensible ; le premier conduit à la vraie sainteté, le second, sauf exceptions, n'aboutit guère qu'au Fakirisme*, et aux acrobaties de quelques hystériques ou aliénés.

14° Boudha, à cet égard, nous fournit un très illustre exemple, car il en parle par expérience ; ainsi qu'en témoigne son évangile il se soumit pendant six ans à une discipline exagérée qui faillit lui coûter la vie, et contre laquelle il prêcha plus tard, avouant son erreur.

15° La Bhagavad Gita est également du même avis, et l'exprime sous différentes formes, notamment dans le verset suivant (VI. 16.) « En vérité le Yoga n'est pas pour celui qui mange trop ou trop peu, ni pour celui qui dort trop ou trop peu » ; elle conseille la modération en tout.

16° Retenons de cet exposé que l'Ascétisme normal, autrement dit le renoncement, sage, modéré, progressif, doit être l'idéal du candidat à la sainteté, auquel il est indispensable, mais qu'il faut écarter ce qui touche à l'anormal, illusion de quelques fanatiques.

17° Ici, comme en toutes choses, l'homme n'arrive à la vérité qu'après avoir souvent versé dans l'erreur ; l'expérience que nous lègue l'histoire est là pour nous permettre de former notre jugement ; sachons condamner l'Ascétisme anormal, sans condamner toutefois ses adeptes qui étaient ou sont parfois des hommes de valeur.

18° Arrivons à bien comprendre que la pureté, et la spiritualité qui en résulte, ne consistent pas à faire des tours de force pour exciter l'étonnement et l'admiration du public, mais à créer en nous une demeure immaculée, exempte de tout égoïsme, au Soi qui l'habite et qui doit y régner !

XVI

TRANSFORMATION

1° L'être de désir est l'homme extérieur, c'est-à-dire celui qui est attiré vers les objets extérieurs formant pour lui l'attrait de l'existence — tandis que l'être de conscience constitue l'homme intérieur, qui ne vit plus que pour l'Ego, pour le Soi.

2° Les deux étapes humaines sont donc :

Passionnalité — Règne du Sub ou désir — Homme extérieur
Spiritualité —   — du Super ou conscience —   intérieur

Nous allons, dans ce chapitre, étudier la transformation, qui caractérise en nous le passage de l'une à l'autre, véritable métamorphose, qui modifie totalement notre manière d'être.

3° L'homme extérieur a pour caractéristique l'Ego agissant dans nos trois corps inférieurs, physique, astral, mental (le Sub) ; par le physique s'opère l'action, par l'astral le sentiment, par le mental la pensée ; ces trois sont conjoints et le sentiment ou désir domine les deux autres.

4° Avec l'homme intérieur, l'être de conscience arrive au pouvoir, dominant et réduisant au silence l'être de désir, dont le temps est achevé ; l'Ego ne fonctionne plus dans le Sub mais dans le Super (Atma Buddhi Manas), c'est là qu'il règne et là qu'il gouverne désormais.

5° Eclairé sur sa propre constitution, arrivé au « Connais-toi toi-même » le spirituel comprend que son Ego, dont jusque-là il avait tenu un faible compte, est tout en lui, comme dans la nature ; cet Ego est un fragment de la divinité... l'homme se divinise !

6° Du moment où nous avons Dieu en nous, toute notre attention se porte vers lui et nous délaissons l'extérieur, qui désormais nous paraît sans intérêt ; c'est ce Dieu intérieur dont tous nos efforts maintenant vont tendre à amener le triomphe, car ce triomphe est le but de notre évolution.

7° Comment y parvenons-nous ? en mettant toutes nos forces et toute notre intelligence à son service. — Par l'intelligence nous arrivons à discerner ce qui appartient au désir ou à la conscience, et notre idéal devient l'épanouissement de cette dernière, reléguant le désir dans l'oubli, où il doit disparaître.

8° Pour le Spirituel les formes de tous les êtres, autrement dit leur enveloppe matérielle, s'effacent petit à petit, laissant bientôt apparaître leur Soi, la conscience qui réside en elles, et dont l'ensemble constitue le Soi universel, origine, soutien, et fin de tout l'univers.

9° En présence de la nature, le Spirituel est comme un spectateur qui jusque-là, par un défaut d'éclairage avait été le jouet d'une illusion d'optique ; il s'aperçoit que tout ce qu'il voyait était le vêtement de la réalité, qui maintenant lui semble évidente.

10° Puisque toute cette matière... tout ce décor n'est qu'illusion, et que derrière elle se cache la réalité qui est la conscience, il délaisse la matière et tout ce qui dépend d'elle, pour ne voir que la conscience ; la matière perd alors tout son prestige, éclipsée totalement par le Soi.

11° Ce n'est pas en quelques heures, ni même en quelques jours que s'opère cette transformation de l'homme, elle demande plusieurs vies, qui complètent le développement de notre Super, vies de lutte et de lumière croissante, qui nous initient à la vérité et nous permettent de réduire au silence notre Sub.

12° Quand enfin le moment est venu, une crise en général se produit en nous, comme celle de Bouddha à Gaya, qui confère l'illumination... les voiles tombent, et brusquement, comme par le changement de décor d'une féerie, nous sommes transportés dans un monde nouveau, que nous pressentions depuis quelque temps, mais qui alors nous apparaît dans toute sa splendeur.

13° A partir de ce jour nous sommes un être transformé (transfiguration) ; nous avons jeté nos vêtements grossiers d'autrefois, et nous en avons endossé de splendides, dans lesquels notre Ego se trouve à l'aise ; nous nous sentons libres, unis au maître de l'univers, toutes nos douleurs s'effacent devant cette immense félicité.

14° Chez le passionnel, fortune, pouvoir, plaisirs, formaient le grand attrait de la vie, le Spirituel au contraire ne rêve que pauvreté, soumission, renoncement ; que lui importent toutes les splendeurs de la matière, maintenant qu'il peut contempler le Soi !

15° La transformation du passionnel en spirituel est le résultat de l'évolution ; ceux qui l'ignorent l'attribuent à la *grâce divine*, qui ressemble beaucoup au caprice d'un souverain, mais il n'y a d'autre grâce divine que l'évolution et ses lois.

16° L'homme dont le Super grandit, est attiré vers le Soi d'abord par intermittences ; il a des crises d'intériorisation entre lesquelles il reprend son ancienne vie extérieure ; ces crises augmentent de durée et d'intensité jusqu'à ce qu'il adopte définitivement la vie intérieure.

17° L'action se modifie en lui, car elle devient essentiellement altruiste ; le sentiment s'universalise, au lieu de l'amour de quelques créatures il s'étend à leur ensemble ; la pensée se dégage de la matière grossière, et révèle partout le Soi, conduisant à l'intuition... la Sagesse.

18° Ainsi s'opère, à travers de nombreuses vies, et mille incidents, la transformation de l'être humain, qui le conduit des limitations de la passionnalité, au Yoga ou Samadhi de la Spiritualité ; les barrières tombent, l'homme devient Dieu... le Soi universel.

XVII

PAIX

1°   Par paix on doit entendre la tranquillité
et le calme de l'esprit au milieu des tribulations
inhérentes à l'existence ; ce n'est pas en sup-
primant ces tribulations qu'on y arrive, car
cela est impossible, mais en se créant une mentalité qui leur soit réfractaire.

2°   Rappelons-nous notre dualité :

Être Supérieur — Super — où règne le calme
Être Inférieur — Sub   — où règne le trouble

Or ce n'est que par l'asservissement de l'être
inférieur au supérieur, autrement dit par le renoncement (X), par l'altruisme (XI), et par la
résignation à la souffrance (XII) que nous arri-
verons à connaître cette paix.

3°   La lutte pour la vie est la loi du Sub, le
Sacrifice celle du Super ; toutes nos tribulations
viennent de nos désirs et passions égoïstes ; le
jour où ils seront éteints, le calme se fera en
nous, comme sur les ruines d'un incendie où
rien ne peut plus alimenter le feu ; voyons-en
quelques détails.

4° Dans votre passé vous souffriez quand un être cher mourait, maintenant son départ vous laisse calme, non que vous aimiez moins, mais la forme vous est devenue indifférente, vous n'êtes plus attaché qu'à l'âme, et vous savez que cette âme ne meurt pas ; la séparation n'est qu'apparente et non réelle.

5° Quand autrefois on vous menaçait, on vous insultait, on vous injuriait, vous en souffriez profondément. — Aujourd'hui que vous importe, c'est votre être inférieur qu'on menace, insulte, injurie, l'être supérieur est inattaquable, invulnérable, indestructible, et votre être inférieur n'existe plus pour vous.

6° Vous aviez peur de la ruine, de la souffrance, de la mort, et leur perspective vous entretenait dans des transes continuelles ; ruine, souffrance, mort, apanages de l'être inférieur, sont totalement inconnues à l'être supérieur ; vous serez peut-être ruiné, vous souffrirez, vous mourrez, mais le seul résultat sera de vous conduire à la libération désirée.

7°   Arrivez à bien comprendre ces deux êtres qui sont en vous, tout le secret de la spiritualité est là. — Du Sub au Super se fait toute l'évolution humaine. — Quand vous aurez bien saisi l'énorme différence qui les sépare, vous pourrez rapidement marcher à la conquête de la spiritualité.

8°   L'être de désir, de passion ne vous laisse jamais une minute de repos ; en face de vous la nature place un appât que vous vous efforcez d'atteindre, et à peine le possédez-vous, que vous en apercevez un nouveau, lui succédant… et ainsi de suite.

9°   Avec l'être de conscience l'appât, ou plutôt son apparence, existe encore, mais le désir a disparu en vous, et cet appât ne vous tente plus, il cesse d'en être un, car le propre de la conscience est de trouver sa satisfaction en elle-même, sans aller la chercher au dehors ; d'extérieur l'homme est devenu intérieur.

10°   C'est un état nouveau créé par le développement du Super, et que l'on ne peut bien
comprendre que lorsqu'on possède ce corps. Le
passionnel, tout à son désir ne peut concevoir
que vaguement cet état si différent du sien, et il
le traite volontiers de folie... mais cette folie, il
en sera lui-même atteint un jour !

11°   Le bonheur pour le passionnel est de
satisfaire ses désirs ; avec ardeur il travaille
constamment dans ce but, et en effet chaque
réalisation le rend heureux, seulement ce plai-
sir n'est que passager, et il faut constamment
marcher vers un but nouveau pour une nouvelle conquête... ainsi se passent les existences.

12°   Avec la spiritualité, le bonheur change
de caractère et devient la félicité ; ce n'est plus
un état passager comme tout à l'heure, mais
durable, prolongé, ne résultant pas d'événe-
ments extérieurs, mais d'un état d'âme spécial ;
il provient simplement de l'Ego... c'est l'Ego
se reflétant dans sa matière subtile.

13° Si le Sub est réduit au silence rien ne peut troubler le calme de cet Ego, jouissant du bonheur dans son Super, où il est complètement chez lui, à l'abri de toute vicissitude..... cet état constitue essentiellement *la paix de la spiritualité.*

14° « A l'heure de la tentation, de l'abandon et du désespoir, renfermez-vous en vous-mêmes comme en un centre paisible, et là, contemplez Dieu, qui seul y règne et y domine dans la paix » dit Molinos (p. 235) ; se renfermer en soi-même signifie se réfugier en son Super.

15° Mais objectera-t-on comment peut-on, quand on est abandonné, malade, agonisant, torturé par la souffrance, se renfermer en soi-même ? N'est-ce pas une dérision que de donner des préceptes pareils, inapplicables et au-dessus des forces humaines ?

16° D'accord... ce précepte n'est pas pour les faibles, mais pour les forts, ceux qui sont arrivés à la spiritualité, et qui de ce fait ont acquis une force considérable, capable de dominer l'adversité ; aux moins robustes on peut dire exercez-vous et vous y arriverez, mais n'oubliez pas que le chemin est pénible.

17° Quand on donne à un enfant un poids à soulever au-dessus de ses forces, il n'y parvient pas ; mais laissez-le grandir, s'exercer, il acquerra les muscles nécessaires et réussira où il avait échoué ; laissez de même l'homme développer son Super et quand il sera suffisant, il aura conquis la paix... définitive... imperturbable.

18° Pour arriver à cette paix il faut la sagesse, c'est-à-dire un Super développé qui en est la source, car ainsi que le dit la Gita (II. 70) : « Le sage et non l'homme de désir atteint la paix ; en lui tous les désirs coulent, comme les rivières dans l'océan, qui, tout en recevant l'eau, reste le même... » l'océan de la tranquillité.., le Soi...

XVIII

SAGESSE

1° Le Spirituel est comme un aéronaute, parti de terre au milieu du brouillard, qui brusquement arrive à la pleine lumière au-dessus des nuages... ; dans cette atmosphère limpide, la vérité lui apparaît dans toute sa splendeur... lui conférant la sagesse.

2° Ebloui par le Soi, qu'il perçoit partout... à la base de tout... il tombe devant lui en *contemplation**, sensation spéciale qui ne dépend d'aucun sens du matériel visible ou invisible, mais vibration du Super au contact de l'immatériel.

3° La contemplation est la vibration la plus élevée, la plus exquise que l'homme soit capable de percevoir... la même que celle qu'il éprouvera plus tard dans le Nirvana... Aussi peut-on dire que la contemplation est le Nirvana de l'être incarné.

4° Grâce à cette contemplation, qui progressivement lui révèle tous les détails du Soi, le spirituel arrive à lire en lui les secrets de la nature, qu'il contient en puissance, et la sagesse l'initie aux vérités suivantes :

5° Dans l'espace infini existent trois éléments dont il est l'habitation éternelle : *conscience, matière, force.* — La conscience représente l'être, le Soi. — La matière constitue son vêtement. — La force est le trait d'union qui les unit et leur permet de vivre ensemble.

6° Ces trois éléments prennent le nom de Dieu, Brahman... absolu... éternel... infini... et qui, suivant le panthéisme, embrasse tout ce qui est, alternant sous deux états :

État de repos — Nirguna Brahman — Dieu non manifesté
État d'activité — Saguna Brahman — Dieu manifesté.

7°   La conscience, à l'état de repos, se sépare
de la matière et de la force ; chacune se re-
cueille à part, force et matière assoupies dans
l'inconscience, et le Soi restant avec ses trois
aspects : Sat, être. — Chit, Soi notion. —
Ananda béatitude.

8°   A l'état d'activité ou de vie les trois éléments, Conscience, (immatérielle), Force (immatérielle), Matière (matérielle), s'unissent, et en-
treprennent ensemble un cycle d'évolution, qui
a pour but la rénovation de l'immatériel dans
le matériel.

9°   Ainsi se forme un univers, au milieu de
tous les autres ; les trois éléments qui le composent n'étant qu'un atome par rapport à la
masse infinie, et c'est dans cet univers, sous la
direction d'un Saguna Brahman ou Ishvara,
que ce fragment du Soi, réparti entre tous les
êtres, se rénovera.

10° Ce fragment du Soi, destiné à la formation d'un univers, se fragmente lui-même en un nombre infini d'unités, monades ou Egos,... âme de chacun de nous,... qui après avoir traversé les règnes minéral, végétal, animal, s'humanisent.

11° Arrivée dans le règne humain, la monade de plus en plus consciente de ce qui l'entoure, parvient à se distinguer de cette ambiance, à voir qu'elle est distincte de la matière et de la force... Ainsi naît la Spiritualité, qui révèle la grande unité du Soi.

12° Alors... cette monade comprend que le corps physique siège du besoin et origine de la sensation n'est pas elle, que le corps astral siège du sentiment et origine des désirs-passions n'est pas elle, que le corps mental siège de l'intellect et origine du raisonnement n'est pas elle; ce sont ses serviteurs, mais non pas elle.

13° Arrivé à ce stade élevé, et terminal de son évolution humaine, l'être dissipe nettement l'illusion que créait en lui la séparativité de la matière; il sait que sa conscience ne fait qu'un avec le Soi,... et arrive ainsi à sa déification.

14° L'Univers et la vie lui apparaissent sous leur vrai jour; la Sagesse a pris place en son âme et avec elle son cortège d'altruisme, d'intuition et de bonheur; il bannit le désir qni était en lui la cause de la souffrance, l'un et l'autre nécessaires à son évolution, mais aujourd'hui devenus inutiles, car il est le Soi.

15° L'homme entre avec la spiritualité, ou la sainteté, dans une ère toute nouvelle, ère de lumière et de félicité, où il comprend que les trois mots : Liberté, Egalité, Fraternité, dont si longtemps le sens est resté vague en son esprit, ont une signification réelle.

16° *Liberté* : il est en effet libéré des désirs et passions, et a conquis le librarbitre, ou épanouissement de la conscience. — *Egalité* : il est l'égal de tous les êtres et de Dieu lui-même, la conscience étant une. — *Fraternité* : pour la même raison tous les hommes sont frères et même un.

17° Que lui reste-t-il encore à faire pour achever son étape humaine?... à se dévouer, à se sacrifier, à être un Christ, pour aider ses frères plus jeunes à gravir la montagne dont il vient d'atteindre le sommet, et pour aplanir les obstacles qu'ils rencontrent...

18° C'est la tâche à laquelle il se consacre, avec toute la force dont il dispose, pendant le temps qu'il a encore à passer sur terre, et que d'ailleurs il continuera, sous des aspects divers dans l'au-delà — pendant son étape sur-humaine. — Telle est la sagesse, qui éclaire la fin de sa route...

VOCABULAIRE

VOCABULAIRE [1]

(A consulter par le lecteur pour tous les mots qui, dans le cours du livre, ne lui sont pas familiers, ou qui nécessitent une explication.)
(Chiffres romains : Chapitres. Chiffres arabes : Versets.)

Bhagavad Gita (prononcez Guita). — Chant du Seigneur, extrait du Mahabharata, est pour ainsi dire « la bible de la Spiritualité » datant environ de 3.000 ans avant J.-C.

La meilleure et plus complète édition est celle écrite en anglais avec sanscrit par A. Besant et Bhagavan Das; Courmes l'a traduite en français quant au texte anglais ; l'édition de Burnouf, bonne comme sens littéral, ne donne pas le sens théosophique, celui qui nous intéresse particulièrement, et qui existe dans l'ouvrage de Courmes ; je prépare avec la Doctoresse Schultz une nouvelle traduction annotée, qui paraîtra sous peu, et qui s'attache surtout au sens théosophique ou ésotérique.

Y sont traités, à divers chapitres et sous des noms variés, tous les procédés de Yoga ou voies de la Spiritualité décrites ici, toutefois le Raja Yoga, dont le véritable initiateur Patanjali est ultérieur, ne s'y trouve que

---

1. Les étoiles ou astériques, qui, dans le texte, sont accolées à certains mots, indiquent de le chercher au vocabulaire.

d'une façon incomplète sous le nom de concentration mentale.

Les citations fréquentes que j'ai données de la Bhagavad Gita sont mentionnées souvent par le simple mot *Gita*, suivi du chiffre romain indiquant le chapitre, et du chiffre arabe mentionnant le verset. — Quand la citation est textuelle je l'ai mise entre guillemets, et sans guillemets quand ce n'est qu'une simple expression de l'idée.

Chefs religieux. — La religion n'est pas la Spiritualité, mais elle en est le chemin, et devrait toujours être dirigée par des chefs essentiellement spirituels. — Malheureusement, ceux qui les élisent sont en général des passionnels, souvent mêlés à la politique, la plus passionnelle des activités, aussi choisissent-ils comme chef un des leurs, quelquefois le plus ambitieux, le plus éloquent, le plus avide du pouvoir... attributs brillants de notre être inférieur. Ainsi se recrutent les directeurs de la plupart des religions — c'est un tort et tant qu'on ne nommera pas comme chefs les plus spirituels, l'histoire démontrera à ceux qui sauront en établir la critique, que cette voie est fausse et conduit à la décadence de l'institution !

Contemplation. — XVIII-2-3. — La contemplation est la vibration du Super au contact de l'immatériel ou du Soi, telle qu'on peut la percevoir à l'état de veille, c'est-à-dire par l'intermédiaire du cerveau. — Le Samadhi est la même vibration mais sans intermédiaire du cerveau, que l'Ego dans ce sommeil spécial n'utilise pas — c'est également la vibration que le désincarné éprouve dans le Nirvana. — La vibration est la même dans ces divers cas, mais l'intermédiaire de matière fait que l'Ego peut l'apprécier et la goûter d'autant mieux qu'il est centré dans une région plus subtile.

Direction mystique ou spirituelle. — XII-14. — Du temps de Molinos les directeurs mystiques étaient rares, ainsi qu'en témoigne ce passage dans son guide (p. 144).

« Plus rare encore qu'un bon confesseur, déjà difficile à trouver, est un directeur dans le chemin mystique. Il s'en trouve à peine un sur mille dit saint Jean d'Avila ; un sur dix mille dit saint François de Sales ; à peine un entre cent mille affirme Tauler l'illuminé. »

Je ne crois pas que les conditions soient changées à notre époque, au moins en Europe, de telle sorte que pour suivre ce chemin l'homme parmi nous est abandonné à son inspiration, et aux renseignements qu'il peut puiser dans les livres concernant ce sujet.

Ego. — Ego est l'entité immatérielle qui existe en chacun de nous, et que nous appelons volontiers âme, la monade de la théosophie, le Jivatma de l'indouisme, l'esprit des spiritualistes... etc. L'Ego fragment de cons-

cience, distinct de la matière et de la force, est purement
immatériel et c'est dans ce sens que je l'emploie toujours
dans le livre actuel. — Ce point demandait à être spécifié, car nombre d'auteurs (et moi-même dans quelques-
uns de mes ouvrages), désignent sous ce terme non seulement la monade, mais la matière subtile dont elle ne
se sépare jamais pendant l'évolution, cette extension du
terme permet d'éviter toute une périphrase : « L'Ego enveloppé de sa matière subtile », et devient habituelle
chez beaucoup de théosophes; le lecteur averti de la con-
fusion possible, saura l'éviter par la réflexion.

Evangiles. — Bouddha et Christ dans leur évangile,
qui présente une grande analogie, ont enseigné la spiritualité ; cet enseignement spirituel était conforme à leur
degré d'évolution, mais non à celui des masses auxquelles
il était destiné, sauf les exceptions des très évolués parmi
elles. — Ils ont bien essayé par la tournure de leur langage, par la parabole et le symbole, de s'abaisser jusqu'aux
humbles d'esprit, mais le fond de l'enseignement n'en
reste pas moins très élevé, et ne convenant qu'aux apôtres,
aux meneurs de peuples. — L'ont-ils voulu ainsi, afin que
la vérité, comprise par leur suite, fût ensuite tamisée en
quelque sorte par eux et mise au niveau du public, c'est
possible. — En tout cas, à l'heure actuelle, nous devons
comprendre qu'il y a deux morales, l'une élevée, spirituelle, évangélique, au-dessus de nos forces, et qui doit
nous apparaître comme un idéal lointain vers lequel nous

pouvons tendre, l'autre passionnelle, se mettant au niveau de chacun suivant son degré d'évolution, enseignée dans les écoles théoriquement et pratiquement, avec ou sans Dieu : avec cette double compréhension tout s'éclaire dans la morale, et c'est l'œuvre de l'évoluisme d'y apporter cette lumière.

Fakirisme. — XV-13. — On désigne dans l'Inde sous le nom de Fakirs, qui signifie, pauvre, mendiant, des ascètes d'origine musulmane ou indoue, vivant d'aumônes, arrivant à attirer l'attention du public par les prodiges parfois réels qu'ils accomplissent, et qui résultent le plus souvent des pratiques du Hatha Yoga. — Ces fakirs présentent parfois une grande analogie avec certains saints de l'ancienne chrétienté. — Ces exemples conduisent à admettre qu'il faut bien distinguer :

— la pseudo-sainteté ou Fakirisme ;
— la vraie sainteté ou Spiritualité.

François de Sales (saint) (V. Type de Bhakti Yogi) — 1567-1622, — né en Savoie, devint évêque du diocèse de Genève avec résidence à Annécy; en 1610 il fonda avec Mme de Chantal l'ordre de la Visitation ; en 1619 il séjourna un certain temps à Paris et s'y lia intimement avec saint Vincent de Paul. C'était un homme d'une piété profonde, et de plus un modèle de politesse, de courtoisie, qui l'a fait surnommer par un Anglais « le Gentleman Saint » ; la plus grande partie de son temps se passait à parcourir son diocèse, en prêchant, confessant, évangélisant et convertissant. — Son principale ouvrage est *l'Introduction à la vie dévote* paru en 1609, qui eut de suite un énorme succès (40 éditions de son vivant et traduites en 17 langues d'après ses biographes); l'édition complète et définitive, qui est classique, est de 1619. — Bien que ce livre soit d'une autre époque, le lecteur y trouvera le reflet d'une âme hautement douce, aimante, pieuse, et, quelle que soit sa religion, d'excellents conseils pour le conduire dans la voie de la piété (Bhakti Yoga).

Gaya. — XIII-11. — C'est à Gaya, autrefois Uruvilva, que sous l'arbre Bodhi, Bouddha reçut l'illumination ; on montre encore aujourd'hui près de Gaya province de Behar, un arbre (ficus religiosa) sous lequel (?) Gautama est devenu Bouddha, c'est-à-dire éclairé (voir à cet égard Evangile de P. Carus p. 35, et Lumière d'Asie d'E. Arnold p. 108.)

Guides. — Dans l'Evoluisme (p. 73-356), il est spécifié que l'homme possède quatre guides pour le conduire dans son évolution : Naturisme — Religions — Philosophies — Esotérisme. Nous les retrouvons ici dans les méthodes spirituelles :

La méthode active appartient au Naturisme, qui peut être, en certains cas, comme pour ces autres méthodes, complété par l'Esotérisme, dans l'initiation-cérémonie (voir ce mot).

La méthode brusquée (Raja Yoga) appartient à la philosophie, et fait partie de la philosophie indoue, dont elle constitue une des six variétés.

La méthode passive (quiétisme) peut être considérée comme une méthode religieuse, car bien qu'elle ait été condamnée par le catholicisme, c'est elle qui est plus ou moins suivie dans la plupart des monastères, mais en conservant toute la partie, culte extérieur, que Molinos jugeait inutile.

L'Esotérisme ne correspond à aucune méthode spéciale, mais domine le tout.

Hypnose et Samadhi. — VIII-12. — Les deux sont caractérisés par un sommeil spécial et analogue.

Dans l'hypnose ou sommambulisme il y a déplacement de l'éthérique, conscience astrale, mais sans souvenir au réveil.

Dans le Samadhi astral, il est probable qu'il y a aussi déplacement de l'éthérique (la théosophie ne le dit pas) conscience astrale, mais souvenir au réveil de ce qui a été vu pendant le sommeil.

Entre l'hypnose et le Samadhi astral, il n'y aurait donc, comme seule différence, que la question du souvenir, — nul dans l'hypnose, — réel dans le samadhi..... ce qui serait dû à la différence de constitution du sujet, beaucoup plus évolué ou développé quand le Samadhi est possible.

Quant aux Samadhis mental et causal, caractérisés par le fonctionnement de la conscience sur les plans correspondants, la théosophie ne dit pas ce qui se passe au niveau de nos différents corps, mais il est probable qu'il y a entre eux divers *déplacements* qui amènent le changement de plan de la conscience (déplacements fonctionnels ou réels).

S'il en est ainsi et l'avenir l'expliquera, la migration de notre conscience se ferait grâce au jeu de nos divers corps les uns sur les autres, se déplaçant les uns par rapport aux autres comme des tiroirs d'un meuble, depuis l'éthérique jusqu'au plus élevé.

Dans le Samadhi la conscience peut aller jusque dans ce corps le plus élevé que possède le sujet : nous ignorons s'il en est de même dans l'hypnose simple.

Initiation. — On entend par ce mot la connaissance des hautes vérités, qu'on ne peut comprendre qu'avec une intelligence élevée.

Il y a deux sortes d'Initiation (livre *Aum*, XVII.) :

L'initiation naturelle, qui se confond avec la spiritualité ; l'homme comprend, car son intelligence par le fait de son évolution embrasse toute la vérité accessible au stade humain.

L'initiation-cérémonie, qui fait partie de l'ésotérisme de certaines religions et dans laquelle on révèle ces vérités aux candidats, en leur donnant en quelque sorte un grade ; on aide le candidat à comprendre ces vérités, mais il arrive que par faveur on initie prématurément, et on a ainsi des pseudo-initiés, ayant le semblant de la spiritualité sans en posséder la réalité.

Kamanas. — Abréviation de Kama-Manas, corps astral et mental.

Lao Tse. — (VII. Type de Yogi spontané). — Lao Tse qu'on écrit encore Lao Tsée, Lao Tseu ou même Lao Kiun, est un philosophe chinois, qui vécut au temps de Confucius et de Bouddha, à une époque d'ailleurs assez imprécise, soit cinq siècles environ avant J.-C. — Sa philosophie, qui paraît être le reflet de la vieille sagesse aryenne, est contenue dans le livre « Tao Teh King » — De la voie et de la vertu, — traduit en français par Sta. Julien en 1842 — Mais ce qui nous a fait citer cet antique et lointain sage, comme *le type de la spiritualité spontanée*, est un petit livre de H. Borel, intitulé « Wu Wei » traduit en français en 1912, qui d'après l'auteur est l'expression des idées de Lao-tse ; nous ignorons quel est exactement dans ce livre la part qu'il faut faire à Lao-Tse et à H. Borel, mais nous le considérons comme l'expression la plus simple et séduisante de ce qu'on peut concevoir comme « spiritualité spontanée » en dehors de toute méthode et de toute religion... il représente la manière de voir de l'homme arrivé au terme de sa course, au moment où terminant son évolution, il va dans l'étape surhumaine s'unir au « Grand Tout ». Le lecteur pourra donc y puiser les principes de la spiritualité naturelle, telle que nous l'exposons dans cet ouvrage, chap. VII.

Le mot Wu Wei (non résistance) et la lecture du livre, pourraient au premier abord faire croire qu'il s'agit du quiétisme ; une analyse plus approfondie montre qu'il y a une différence.

Dans toutes les voies de haute Spiritualité, le Sub doit être réduit au silence, afin de permettre la domination du Super: dans le Raja-Yoga on arrive à ce silence du Sub par des procédés d'entraînement rapide ;... dans le Quiétisme on se contente d'agir sur le Sub, en l'anéantissant;... dans le Naturisme (ou Wu Wei) on ne s'occupe pas spécialement de lui, on se laisse simplement entraîner par la force divine, sans lui opposer de résistance.

Une comparaison éclairera notre pensée : Supposons un homme dans une barque, naviguant sur un fleuve, pour aboutir à la mer ; il peut y arriver de trois manières : ... soit en ramant dans le sens du courant,... soit en laissant aller la barque au fil de l'eau mais en la guidant par le gouvernail, ... soit en s'abandonnant sans rame ni gouvernail, au caprice du fleuve.

Le premier cas représente le Raja-Yoga, le second... le Naturisme, le troisième... le Quiétisme.

Matériel. — Matière. Le non-Soi. — *Immatériel* : Conscience et force, le Soi.

Métaphysique. — VIII. — Est l'étude du Soi par le Soi (*Yoga*, Besant, 87 et *Vie.* XVIII. 11, et Voc.), elle est constituée par l'Ego, qui se regarde dans la matière du Buddhi-Atma, ou du Super, pour arriver à se connaître.

Elle constitue l'essence du Raja-Yoga et se confond avec lui, de même d'ailleurs que les voies spontanée et passive ; en somme les trois voies supérieures de la spiritualité sont des branches de la métaphysique, différentes en cela des trois branches inférieures, ou de la proespiritualité : Jnana, Bhakti, Karma Yogas.

Dans le Jnana Yoga le Soi étudie le non-Soi, c'est-à-dire la matière, le concret, qui est le domaine de la science ordinaire, du savant (corps mental), avec les sens ordinaires pour le visible, avec les sens occultes ou siddhis pour l'invisible.

Dans le Bhakti Yoga, on procède encore par la matière, sous forme de sentiment ou d'amour (corps astral).

Dans le Karma Yoga, de même : emploi de la matière sous forme d'action (corps physique).

En conséquence on peut dire que le Soi ou Ego, pour arriver à la connaissance du Soi procède tantôt :

1° à l'aide du corps physique . . . . . Karma Yoga
2° à l'aide du corps astral . . . . . . Bhakti Yoga
3° à l'aide du corps mental (infér.) . Jnana Yoga
4° à l'aide du Super { mental supérieur / Buddhi / Atma } métaphysique

La métaphysique comprenant les trois voies supérieures : Spontanée (Naturisme), brusquée (Raja Yoga), passive (quiétisme).

C'est dans ce dernier cas ou métaphysique qu'on dit que le Soi procède par le Soi, bien qu'en réalité il procède par la matière du Super, dans laquelle il s'étudie — mais il s'étudie sans autre intermédiaire de matière que son propre Super, alors que dans les autres Yogas il y a toujours cet intermédiaire, le Soi n'étant jamais envisagé à nu, mais enveloppé de matière.

En d'autres termes dans les trois Yogas inférieurs (Karma-Bhakti-Jnana) le processus est concret — alors qu'il est abstrait dans les trois supérieurs, dont l'ensemble forme la métaphysique.

Karma Yoga, Bhakti Yoga et Jnana Yoga peuvent s'élever jusqu'au Super, mais alors ils se confondent avec la métaphysique, dont ils constituent divers aspects, et perdent leur autonomie.

Quant aux résultats obtenus par les Siddhis ou sens occultes (clairvoyance, clairaudience, etc.) ils font partie du Jnana Yoga, et doivent, comme il a été dit précédemment être rangés dans l'étude du Soi par le non-Soi, bien qu'ils nécessitent la pratique du Hatha Yoga.

Ces considérations étaient indispensables pour bien faire comprendre les expressions :

réalisation du Soi par le Soi......... Métaphysique.

réalisation du Soi par le non-Soi... Yogas inférieurs.

Molinos (IX. Rénovateur du Quiétisme), 1640-1696, né en Espagne, dès son ordination se fixa à Rome où il était dans le monde religieux considéré comme un saint et un habile directeur de conscience. En 1675 il publia son *Guide Spirituel*, où il préconisait une nouvelle doctrine religieuse, qu'on appelle « Quiétisme » ; traduit en Allemagne et en France il y eût un grand retentissement ; Fénelon et Mme Guyon furent parmi nous ses principaux adeptes.

Cette doctrine, parfaitement claire et compréhensible avec les données actuelles de la théosophie, s'appuie sur trois points principaux :

1° *Contemplation...* qu'admettent tous les mystiques.

2° *Soumission complète de l'être inférieur* (Sub) au *supérieur* (Super) ; c'est en cela que consiste l'*anéantissement* (pensée, sentiment, action) qu'il préconise, et qui a tant fait crier contre sa doctrine, ne convenant en effet qu'à certains mystiques élevés ; les autres méthodes arrivent d'ailleurs au même résultat, mais par une voie différente.

3° *Inutilité ou faible importance du culte extérieur.*

Ce troisième point souleva contre lui tout le monde catholique, qui y vit la ruine de la religion et surtout du clergé, aussi Molinos fut-il arrêté en 1685, le pape, à la suite de l'inquisition romaine, condamna son livre, et fit enfermer l'auteur dans la prison d'un couvent de dominicains, où il mourut, oublié de tous.

Bien que catholique, ce type de spiritualité peut donc être considéré comme indépendant. Il appartient à la Théosophie moderne, d'expliquer la doctrine de Molinos, qui est absolument vraie, vue à la lumière de l'évoluisme,

et de réintégrer l'homme dans la place de « génie spirituel », dont le fanatisme, l'ignorance, l'intolérance et
l'égoïsme ont voulu le chasser, mais qu'il mérite hautement de conserver.

Les citations que nous faisons de cet auteur sont em-
pruntées à la traduction théosophique de son *Guide*, 1905.

Mysticisme qui vient du grec mustes initié, signifie
dans son sens le plus étendu l'union avec le Soi universel, la réalisation du Yoga ; seulement en Occident où la
voie de l'amour prédomine, on l'applique souvent comme
synonyme d'*amour de Dieu* lui donnant ainsi un sens
relativement restreint.

Naturisme.— II. 8. VII. — Par son instinct l'homme
est porté vers le culte du beau, du bien et du vrai, qui
sont les trois bases ou voies de l'évoluisme naturel, que
nous avons appelé Naturisme, (l'*Evoluisme*, 1914, p. 75).

Le Naturisme, les six grandes religions, les six philosophies indoues et l'ésotérisme forment les quatorze guides
actuels qui dirigent l'évolution humaine ; on en trouvera
le détail dans l'*Evoluisme*, page 73.

Arrivé à la spiritualité, le Naturisme engendre la voie
spontanée — VII — qui avec le Raja Yoga et le Quiétisme
constituent les trois aspects de la métaphysique. — Son
allure est modifiée en ce sens qu'il est devenu religieux,
mais en somme il reste la voie naturelle ou spontanée,

et nous conservons ici ce mot pour ne pas en créer de nouveau.

Orthographe. — Pour les mots sanscrits l'orthographe adoptée est celle du dictionnaire Powis Hoult, et pour leur genre nous nous sommes conformés aux règles énoncées dans notre traduction de la Bhagavad Gita.

Oxygène. — VIII. 7. — L'oxygène qui constitue environ 1/5 de l'air, pénètre en nous au moyen de la respiration, transporté par le sang qui le véhicule vers la périphérie de même qu'il ramène les déchets vers les émonctoires, il produit dans tous nos tissus les combustions, c'est-à-dire la vie qui se fait sous l'influence du prana. Les trois éléments principaux de nos tissus sont avec lui, le carbone, l'hydrogène et l'azote ; en se combinant avec le carbone il produit l'acide carbonique, éliminé par le poumon, avec l'azote... l'urée, qui s'échappe par les reins, et avec l'hydrogène, l'eau, véhicule de tous nos déchets par les divers émonctoires. — La respiration, notre pourvoyeur d'oxygène, est donc la source de toutes nos combustions, de toute notre vie, sous la direction du prana.

Parathéisme. — V. 14. — Signifiant « à côté de Dieu » est le seul mot que nous ayons trouvé pour opposer à l'panthéisme, ce dernier indiquant l'unité — c'est-à-dire que Dieu et l'homme ne font qu'un quant au Soi, alors que dans le Parathéisme il y a dualité ; le Christianisme est parathéiste, tandis que le Bouddhisme est panthéiste, de même d'ailleurs que la théosophie.

Patanjali (VIII. Rénovateur du Raja Yoga). — Auteur du Yoga qui porte son nom, et qui correspond au Hatha-Raja Yoga, avec une annexe qui fait partie du Jnana Yoga ; il est considéré en Orient comme le grand maître et le créateur du Raja Yoga, bien qu'il n'ait fait sans doute que le porter au point de perfection où il est actuellement ; les pratiques de cette méthode paraissent en effet avoir existé très anciennement dans l'Inde. On ignore la date exacte de son existence, qu'on place en général quelques siècles avant Jésus-Christ, et l'on a d'ailleurs aucun renseignement sur les détails de sa vie.

Sacrifice (Loi du). — XI.-1. — Par la loi du sacrifice on entend le don de Dieu, alors qu'il crée la vie ; la dénomination de « loi de l'Altruisme » nous semble préférable pour les raisons suivantes :

Sacrifice, dans notre langue, signifie « don à la fois *volontaire* et *douloureux*. »

Or peut-on dire que Dieu, en donnant la vie fasse un sacrifice....

Le don est-il volontaire ? il semble plutôt appartenir à la nature de Dieu et à son déterminisme ; agir autrement lui serait impossible.

Le don est-il douloureux ? la douleur qui est toujours

d'origine matérielle n'est pas pour Dieu en pareil cas, mais pour les monades dont il se sépare et qui vont accomplir dans la matière le pénible pèlerinage de l'évolution.

Pour ces raisons il est préférable de dire que Dieu, en donnant la vie, obéit à la loi de l'altruisme et non à celle du sacrifice.

Le propre
>   du matériel.......... forme..... est égoïsme
>   de l'immatériel..... vie......... est altruisme
car égoïsme signifie prendre et altruisme donner.

Pour la matière donner est un sacrifice, car c'est un don douloureux contraire à sa nature.

Mais pour l'immatériel, il en est tout autrement, la loi de l'altruisme conforme à sa nature le comble de bonheur, et devient le don joyeux de soi-même.

Dieu, en se donnant, se procure la plus grande joie qu'il puisse éprouver. Dire que c'est un sacrifice est une mauvaise expression.

Mais, la même loi, quand elle descend à l'homme, enfoncé dans la matière, à moins qu'il ne soit arrivé à une haute spiritualité, devient d'autant plus douloureuse que l'égoïsme est plus prononcé.

La loi de l'altruisme est donc *Sacrifice* pour l'homme, et *don joyeux* pour Dieu, et c'est par extension de ce qu'elle est pour lui... à Dieu, que l'homme lui a donné faussement le nom générique de loi du sacrifice.

Rétablissons donc, en concluant, la vérité de la façon suivante :

Loi de l'altruisme :

    loi du sacrifice ou don douloureux pour l'homme

    loi du don joyeux et non douloureux pour Dieu.

Le sacrifice, c'est-à-dire la douleur, diminue d'autant plus que le Sub est plus éteint en nous, et par la même le super plus dominant.

Sagesse. — Science élevée, qui a divers degrés, allant depuis les premières intuitions du Soi, jusqu'à l'initiation complète.

Séméiologie. — XII.-11. — Est la partie de la médecine qui s'occupe de l'interprétation des symptômes pour en tirer le diagnostic des maladies.

Sentiers de la dévotion et de l'abstraction. — VI.-3. — Ces deux sentiers, correspondant au Christianisme et au Bouddhisme, encore appelés :

    Sentier de la connaissance abstraite

    Sentier de la dévotion concrète

ont été bien mis en lumière par Chatterji, *Philosophie ésotérique de l'Inde*, 1899, p. 138.

Le mot « Sentier » est très souvent employé en religion et philosophie, dans des acceptions diverses ; il ne faut lui accorder qu'une signification relative et non absolue, c'est-à-dire que le sentier diffère suivant la question qu'on envisage.

Soi. — Synonyme d'immatériel, comprend conscience et force, mais souvent on l'emploie pour désigner la conscience seule.

Sub. — Super. — Sub, sous. — Super, sur — dénominations latines qui sont d'un usage commode pour désigner en nous, l'être inférieur (Physique astral et mental inf.) et supérieur (Mental sup. Buddhi et Atma).

Causal est synonyme d'être supérieur, car c'est à tort que quelques auteurs le limitent au mental supérieur.

Thomas d'Aquin (St.) (IV. — Type de Jnana Yogi). — 1225-1274, né dans le royaume de Naples dans la puissante famille des comtes d'Aquin, malgré la brillante carrière aristocratique qui s'ouvrait devant lui préféra, comme autrefois Gautama Bouddha, fils de roi, le cloître et la pauvreté. Il vécut surtout à Paris, où il trouvait les plus grandes facilités pour son travail. Supérieur à saint Augustin (354-430) au moins par certains côtés, Saint Thomas d'Aquin peut être considéré comme la plus grande intelligence du catholicisme ; il a posé les bases de l'enseignement catholique, tel qu'il existe actuellement, et dans lequel toute la doctrine de cette église est en quelque sorte immobilisée depuis lui. C'est dans la *Somme théologique*, immense ouvrage in-folio en quatre volumes, que la plupart des idées émises par ce génie ont été consignées ; on peut considérer, cette œuvre, comme la véritable bible du catholicisme.

Types de Spiritualité. — Pour compléter l'étude abstraite des six voies de la spiritualité données au chapitres IV, V, VI, VII, VIII, IX, un exemple est nécessaire, car il en représente le côté concret. Pour les trois premières voies je prendrai ces exemples dans le catholicisme, la religion dominante de notre contrée, et en dehors de lui pour les trois dernières ; je place en regard des noms, le livre qui personnifie l'auteur.

Karma Yoga. Saint Vincent de Paul. Biographies diverses.
Bhakti Yoga. Saint François de Sales. Introd. à la vie dévote.
Jnana Yoga. Saint Thomas d'Aquin. La Somme.
méthode spontanée. Lao Tse. Wu Wei, H, Borel.
méthode brusquée. Patanjali. Raja Yoga de S. ViveKananda.
méthode passive. Molinos. Guide spirituel.

En se reportant dans ce vocabulaire aux noms mentionnés on trouvera la biographie de chacun d'eux.

Si dans cette classification on demande où placer Bouddha et Jésus, je répondrai qu'à ce degré de spiritualité la plus élevée, l'homme devenu presque surhumain, récolte le fruit de ses incarnations précédentes, où il a pu suivre des méthodes variées, et il les synthétise en quelque sorte en lui.

Vincent de Paul (St.). — (VI. Type de Karma Yogi), 1576, 1660, modeste berger des Landes, fut ordonné prêtre en 1600, successivement précepteur, curé de Clichy et de Bresse, il s'occupait activement par toute la France des malades, des prisonniers, des galériens, dont il cherchait à améliorer le sort. En 1625 il fonda la congrégation des *prêtres de la mission*, en 1634 les *Sœurs de la Charité* qui portent son nom, pour soigner les malades — en 1648 l'établissement des *enfants trouvés*, origine de l'institution actuelle et qui lui a valu le titre de *Père des enfants trouvés*, — en 1655 l'hôpital de la Salpêtrière, qui est devenu l'immense hôpital actuel. — En somme, il était le Dieu de tous ceux qui souffrent, *l'intendant de la providence*, ainsi qu'on l'a encore surnommé ; l'inspiration par laquelle il a été déclaré « patron des œuvres de charité » (fête 19 juillet) est excellente. seulement les catholiques ont tort de vouloir l'accaparer ; un homme comme saint Vincent de Paul est au-dessus de toute secte, de toute confession, de toute religion ; il a vécu dans le milieu où il est né, mais il appartient à l'humanité et à la spiritualité. Vincent de Paul n'a rien écrit, toute son œuvre est dans l'action, mais on a beaucoup écrit sur lui, citons parmi les ouvrages principaux : son panégyrique par le Cardinal Maury — sa vie par Abelli 1664, nouvelle édition 1891 — par Collet et Denouville, en trois volumes ; le plus récent est celui d'A. Loth, dernière édition 1906 ; malheureusement il est rédigé en un esprit catholique étroit et intransigeant, de lecture pénible, pour ceux qui ne partagent pas cette opinion.

TABLE

MAYENNE, IMPRIMERIE CHARLES COLIN

www.ingramcontent.com/pod-product-compliance
Ingram Content Group UK Ltd.
Pitfield, Milton Keynes, MK11 3LW, UK
UKHW022022170726
13837UKWH00001B/352